宇宙

本质上

是数字的，

并且运行在

一种可描述为

简单程序的基本定律上。

—— 沃尔夫勒姆

点无分部，

宇乃点集。

时点上世界静止，

时段中万物互动。

到时点上研究认识，

去时段中善加应用。

— 邓 志 雄

和差与积原理妙用

——以数学为依据的科研方法

邓志雄 / 著

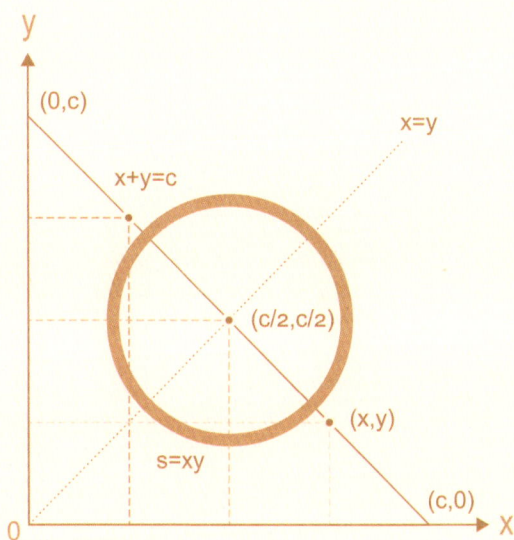

人民出版社

策划编辑:郑海燕

封面设计:和物文化

责任校对:周晓东

图书在版编目(CIP)数据

和差与积原理妙用:以数学为依据的科研方法/邓志雄 著. —北京:
  人民出版社,2021.12(2022.1 重印)
ISBN 978－7－01－023955－2

Ⅰ.①和… Ⅱ.①邓… Ⅲ.①社会科学-研究方法 Ⅳ.①C3

中国版本图书馆 CIP 数据核字(2021)第 228585 号

和差与积原理妙用

HECHA YU JI YUANLI MIAOYONG

——以数学为依据的科研方法

邓志雄 著

人 民 出 版 社 出版发行

(100706 北京市东城区隆福寺街 99 号)

中煤(北京)印务有限公司印刷 新华书店经销

2021 年 12 月第 1 版 2022 年 1 月北京第 2 次印刷
开本:710 毫米×1000 毫米 1/16 印张:14.75
字数:180 千字

ISBN 978－7－01－023955－2 定价:80.00 元

邮购地址 100706 北京市东城区隆福寺街 99 号
人民东方图书销售中心 电话 (010)65250042 65289539

序 一条原理 一堆道理

2020 年是十分难忘的一年,发生了非常多的重大事件。其中一件,就是东西方之间对事物的共识减少,而分歧却显著增加。最典型的就是连新冠肺炎疫情肆虐之中要不要戴口罩,都成为难以达成共识的问题。这给经济学等社会科学研究提供了新的研究场景和视域,对以数学语言和逻辑方法来说明事理以增进全球共识提出了更强烈的现实需要。当然,社会科学数学化中存在的问题也因此而增加。比如,由于对经济学假设前提的看法差异扩大,既有的以数学模型为工具的经济学研究方式遇到了越来越多的挑战。因此,创新社会科学研究的数学化方法成为一项紧要的任务。

出于对混合所有制经济的长期观察和研究,笔者逐步认识到,我国确立的以公有制为主体、多种所有制经济共同发展,按劳分配为主体、多种分配方式并存,社会主义市场经济体制等社会主义基本经济制度,蕴含着深刻的科学道理。如果能将这些科学道理借助简单直接的数学方法进行表达和证明,将有助于促使更多的中外受众特别是青年深刻理解和自觉认同我国的基本经济制度。

2019 年春,我应中信改革发展研究基金会"中国道路大讲堂"邀请,在中国政法大学做了题为"混合所有制改革的八条理由和七种方式"的讲座。之后，国务院发展研究中心《中国经济报告》杂志社建议将此次讲课的部分内容以论文的形式发表。经过两个多月的集中思考，有一天散步时，我突然悟出了可以用数学方法来求证混合所有制经济的科学性、有效性。随后，我以《一个效率函数的极值原理及其解释应用》为题作文，在《中国经济报告》2019年第3期上刊发了这一研究成果。

2020年因疫宅家，适逢63周岁到点退休。有了充足的时间，我便尝试着用上述效率函数来解释和说明更多的问题。思考过程中，我慢慢发现，这个极值原理真的是能管住一堆小道理的一条大道理。由于它是用两个正数的"和""差"与"积"的数量关联规律来说明事物的变化规律和发展趋势，因此我将这一原理定名为"和差与积原理"，并就如何用和差与积原理解释不同领域的问题和现象展开了分析思考，初步形成了这本《和差与积原理妙用——以数学为依据的科研方法》的小册子。

本书从代数和几何两个角度求证分析了和差与积原理，尝试用和差与积原理导出和解读一系列经济社会科学定律，并尝试归纳总结出一种以数学原理为依据的新的社会科学研究方法，指出了其与常见的以数学模型为工具的研究方法的异同。这些应用中既有政府与市场的关系、帕累托最优与共同富裕的实现、拉弗曲线与税收政策、积累与消费的关系、实业与金融的结合、复合资本市场的建设发展、城乡建设的平衡推进、共享经济的健康发展等宏观经济话题，也有企业制度、企业管理、平台建设、价值创造、员工激励、青年职工事业成长等微观经济事项，还有关于疫情应对、生态保护、军事建设等涉及国家安全的问题。

和差与积原理是这样一条关于两正数 X 和 Y 的"和"（$C=X+Y$）、"差" $|X-Y|$ 与"积"（$S=XY$）的关联规律的数学定理：

若 $X>0$，$Y>0$，$X+Y=C$，C 为定值，那么，$S=XY$ 将在 X 与 Y 的差距扩大时缩小，而在 X 与 Y 的差距缩小时增大，并在 $X=Y$ 时取得最大值，$S_M=C^2/4$。

本书第一章开门见山地给出了和差与积原理的代数证明和几何解析，展示了作为积的 $S=XY$ 随 X 或 Y 的抛物线形图像变化，讨论了作为和的 C 的阶段性跨越发展对积 S 发展的巨大意义，并赏析了和差与积原理的美感，为其后各章讨论奠定了理论基础。

接下来，本书以众多社会科学定律的求证过程说明，和差与积原理具有广泛的适用性和强大的逻辑力量。究其原因在于，同一事物可以按多种不同方式划分为一个个对立统一的系统，其中一些的发展过程往往可以按照两步走来进行分析。由于事物发展两步完成过程的总效率等于其各步效率之乘积，因此在总效率和分步效率之间存在 $S=XY$ 的函数关系。在此基础上，若能再分析论证这两步的效率均为正数，且两步效率的和在一定时段中可认定为定值 $X+Y=C$，则事物发展过程的效率函数满足和差与积原理的函数形式和条件：

$S=XY$，$X>0$、$Y>0$，$X+Y=C$，C 为定值

因此，其总效率和分步效率之间的数量关系就应遵从和差与积原理的数量关联规律，即可以按照和差与积原理来表述、分析其效率变化规律，并据以进行深入的理论推导和实践推进。

以用和差与积原理求证混合所有制经济的科学性为例。混合所有制经济中社会总资本由公有资本和非公有资本两部分组成，年度社会资本的总体配置可以理解为由公有资本配置和非公有资本配置

两步来完成。因此,社会资本运营总效率 S 是公有资本运营效率 X 和非公有资本运营效率 Y 的乘积,即有 $S=XY$;而在一定的时点上或一定的时段内,X 与 Y 的和通常满足 $X>0$、$Y>0$,$X+Y=C$,C 为定值这一数量关系,即 S、X、Y 之间的数量关系在通常情况下满足和差与积原理的函数形式和条件。于是,根据上述和差与积原理中 S、X、Y 的数量关联规律,就可直接导出以下混合所有制经济效率定律:

混合所有制经济中社会资本运营的总效率,将在公有资本运营效率和非公有资本运营效率两者差距扩大时降低,而在两者差距减小时提升,并在两者相等时达到最高。

以上论述,以数学原理为依据,清晰明了地论证了提升社会经济发展效率的方向和路径:在当今生产力水平下,世界各国都是由公有制经济和非公有制经济共同组成的混合所有制经济。因此,各国发展过程中经济效率的提升都应遵从和差与积原理和混合所有制经济效率定律,高度重视公有经济和非公有经济两个方面发展效率的均衡。那些只注重公有经济发展而不注重非公有经济发展,或只注重非公有经济发展而不注重公有经济发展的想法和做法,都是错误的。各国经济效率的持续提升只有在不断促进公有经济和非公有经济效率均衡的过程中才能实现。因此,我们必须坚持和完善我国社会主义基本经济制度和分配制度,毫不动摇地巩固和发展公有制经济,毫不动摇地鼓励、支持、引导非公有制经济发展,并把混合所有制作为社会主义基本经济制度的重要实现形式,积极稳妥推进混合所有制经济发展。

由衷期望本书能起到抛砖引玉的作用,带动更多读者特别是青年朋友一起来研究和差与积原理在更多方面的认识与应用,并逐渐养成以数学原理为依据来认识解析社会现象的方法和习惯,共同推动这一新的社会科学研究方法的应用,为增进对人类共同价值的认识、促进人类命运共同体的打造作出应有的贡献。

　　谨以此与您共勉!

邓志雄

2021 年 7 月 30 日

目　　录

第一章　和差与积原理 ………………………………………… 1

    第一节　加法中的"和为定值"现象 ……………………… 1

    第二节　"和为定值"时两个正数的乘积比较 …………… 3

    第三节　和差与积原理的代数证明与表达 ……………… 4

    第四节　和差与积原理的几何意义 ……………………… 6

    第五节　两数之积 S 值的分布图像 …………………… 8

    第六节　两数之积 S 的极大值 ………………………… 11

    第七节　和与积的跨越发展边界线 ……………………… 13

    第八节　和差与积原理中的美感 ………………………… 15

第二章　国家资源总体配置效率定律 …………………… 18

    第一节　国家资源配置中的"两步走"模式 …………… 18

    第二节　依据和差与积原理导出国家资源总体配置效率定律 ……… 19

    第三节　两个重要的推论 ………………………………… 21

    第四节　两个对比例证 …………………………………… 23

第三章　政府税收定律与拉弗曲线证明 ················· 26

　　第一节　拉弗曲线的故事 ····························· 26

　　第二节　拉弗曲线的理论证明 ······················· 28

　　第三节　对最大税率与最佳税率的简单讨论 ········· 32

第四章　帕累托最优与共同富裕的实现 ··············· 35

　　第一节　帕累托最优的概念 ························· 35

　　第二节　帕累托最优的几何解析 ····················· 36

　　第三节　中国部分先富与共同富裕问题的最优解 ····· 39

第五章　社会财富使用效率定律 ······················· 46

　　第一节　社会财富使用效率定律及其要义 ··········· 46

　　第二节　处理好积累与消费的关系 ··················· 49

　　第三节　政府和社会资本合作中积累与消费的互动 ··· 53

第六章　从和差与积原理看复合资本市场的发展 ······· 56

　　第一节　我国复合资本市场的建立与发展 ··········· 57

　　第二节　复合资本市场的资源配置效率定律 ········· 59

　　第三节　对复合资本市场发展的几个推断 ··········· 62

　　第四节　关于产权市场发展战略的认识与建议 ······· 69

第七章　金融资本和实业资本的均衡配置 ············· 73

　　第一节　社会资本配置总体效率定律 ··············· 73

　　第二节　金融资本和实业资本循环方式的巨大差异 ··· 74

　　第三节　美国经济金融化的过程与危害 ············· 76

第四节　以使用效率均衡为方向推进产融结合 ……………… 79

第八章　城市建设和乡村建设的关联 …………………… 82

第一节　城乡建设发展效率定律 ……………………… 82

第二节　不同历史阶段城乡建设发展的特征与差异 ………… 83

第三节　提高新时期城乡建设发展的均衡性 …………… 85

第四节　防范城乡建设发展失衡风险 ………………… 90

第九章　共享经济体系的效率提升路径分析 …………… 95

第一节　共享经济体系效率定律 ……………………… 96

第二节　加强共享经济体系的平台建设 ……………… 97

第三节　搞好共享经济体系的渠道生成 ……………… 99

第四节　注重平台与渠道的均衡发展 ………………… 101

第五节　案例1——中企云链产融互联网平台 ………… 102

第六节　案例2——O2O平台的发展 ………………… 105

第十章　企业运营效率定律与企业制度演变分析 ……… 108

第一节　资本和人本是生产要素的两种基本类型 ……… 108

第二节　生产要素和企业运营效率的关系 …………… 110

第三节　企业制度在资本与人本双本结合与均衡中演进优化 … 112

第十一章　大企业经营效率定律讨论 ………………… 119

第一节　大企业经营效率定律 ………………………… 119

第二节　对大企业经营效率定律的解读 ……………… 121

第三节　企业经营决策与执行的三个案例 …………… 125

第十二章　商场利润定律及其应用 ················· 131

　　第一节　商场利润定律 ····························· 131

　　第二节　不同形态市场的特点和效能 ············· 133

　　第三节　如何做好商品创新与顾客服务的协同 ··· 137

第十三章　企业管理中的集权、分权效率定律 ····· 142

　　第一节　企业管理中的集权、分权效率定律 ····· 142

　　第二节　几个重要的推论 ························· 144

　　第三节　提升企业管理整体效率的基本原则 ····· 147

第十四章　组织激励管理定律及相关分析 ··········· 151

　　第一节　西方企业管理中的激励理论 ············· 151

　　第二节　弗鲁姆期望理论公式的一般性解读 ····· 152

　　第三节　弗鲁姆期望理论的图形表达 ············· 154

　　第四节　组织激励管理定律 ····················· 156

　　第五节　让激励理论跟上时代发展 ··············· 160

　　第六节　完善国有企业激励约束机制 ············· 162

第十五章　事业成功效率定律及相关探讨 ··········· 166

　　第一节　事业成功效率定律 ····················· 166

　　第二节　事业成功两大影响因素均衡的要点 ····· 168

　　第三节　在发挥和发展的均衡中促进青年成功 ··· 172

第十六章　从和差与积原理看生态保护与发展的关系 ··· 175

　　第一节　保护与发展之间的辩证关系 ············· 175

第二节　正确处理保护和发展之间的关系 ……………………… 177

第三节　保护与发展中矛盾处置的几个案例 ……………… 179

第十七章　感染病毒死亡率定律与抗疫方法讨论 ……………… 185

第一节　感染病毒死亡率定律 …………………………… 185

第二节　病毒疫情防控方法分析 ………………………… 189

第三节　组织好疫苗和特效药的科技攻关 ……………… 195

第四节　用和差与积原理解读中医理论的科学性 ……… 197

第十八章　国家安全效能水平定律及其作用机制 ……………… 202

第一节　军事安全与非军事安全的效能关系 …………… 202

第二节　提高国家总体安全效能水平的努力方向 ……… 204

第三节　提高总体安全水平的标志与重点 ……………… 206

第四节　保持军事安全与非军事安全均衡的方法 ……… 209

第十九章　一种新的以数学原理为依据的社会科学研究方法 ……… 213

第一节　经济学研究的两种方法 ………………………… 213

第二节　两种方法的研究对象 …………………………… 215

第三节　两种研究方法的利弊比较 ……………………… 216

第四节　两种研究方法协同的可能 ……………………… 217

第五节　展望 ……………………………………………… 218

附件　和差与积原理及其相关定律 …………………………… 220

后　记 …………………………………………………………… 224

第一章　和差与积原理

　　道理是事物具有的规律,既是用以判断是非的规则和理由,也是处理事情的办法和原则。原理则是大道理,是具有普遍意义的道理,是能分析解释其他具体道理和规律的一般性道理。

　　在很小的时候,笔者就做过两数和与两数积的智力游戏。经过多年的反复思考,逐渐悟出了两正数和($C = X + Y$)、差($|X-Y|$)与积($S = XY$)中包含着的一个重要原理,并尝试用这一原理分析解释了一系列经济社会问题,得到了对这些问题的一些新的解释,收获了一些新的道理。在《中国经济报告》2019 年第 3 期"一个效率函授的极值原理及其解释应用"一文中,笔者用和差与积原理分别解释了一个宏观、中观、微观经济问题。本书中,我们将这一原理的应用拓宽到了 20 个以上的案例,且不限于经济问题。欢迎感兴趣的读者结合自身的实践和感悟一起来做更多拓展。

第一节　加法中的"和为定值"现象

　　小学一年级一开始,数学课就教 10 以内的加法。几加几等于 10,是十进制算法中必须掌握的重要学习内容和运算方法。

1+9＝10

2+8＝10

3+7＝10

4+6＝10

5+5＝10

这 5 个等式，右边的和都是 10，左边相加的两个数则分别是 1 和 9、2 和 8、3 和 7、4 和 6、5 和 5，它们此消彼长并互补为 10。请注意，一方面此消彼长，另一方面和为定值，这两个特点可以引发出很多有趣的讨论。

放开了去想，在 100 以内、1000 以内、10000 以内……直到更大范围内，都存在这种"两个正数之和为定值"的现象。用代数来表达，就是" $X > 0, Y > 0, X + Y = C, C$ 为定值"。

值得重点说明的是：和为定值的两个正数一定是此消彼长的，而此消彼长的两个正数必然互补形成一个定值。这是因为，在等式 $X + Y = C$ 中，当 C 是定值时，X 扩大 Y 就得等量缩小，X 缩小 Y 就得等量扩大，即：

$$(X + \Delta) + (Y - \Delta) = X + Y = C \tag{1.1}$$

所以，和为定值的两正数的变化总是围绕着这个定值此消彼长的。反过来看，也有此消彼长的两个正数的和一定为定值。这是因为系统中只有此消彼长的两个数，若一个减小与另一个的增大等值，则二者之和不变，即：

$$(X - \Delta) + (Y + \Delta) = X + Y = C \tag{1.2}$$

这一特点在直角坐标系中可以看得更清楚，如图 1-1 所示，$X + Y = C$ 是经过 $(C, 0)(0, C)$ 两点的直线，(X, Y) 是直线上一个动

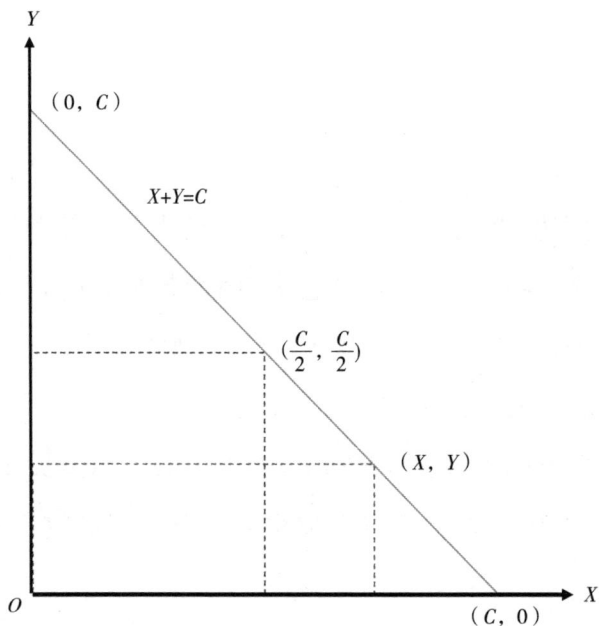

图 1-1　此消彼长的 $X+Y=C$

资料来源:笔者整理。

点。直线斜率为-1,表明 X 与 Y 为此消彼长的负相关关联。当动点沿直线运动时,始终有 X 与 Y 的此消彼长以及 $X+Y=C$ 这个和的约束关联。在 C 不变时,任何 X 之长必导致 Y 的等量之消;反之,任何 X 之消必伴随 Y 的等量之长。更清楚些看,令 $C=1$,则 X 和 Y 就是互补为 1 的两个比值。

第二节　"和为定值"时两个正数的乘积比较

将 10 以内和为 10 的 5 组正整数彼此相乘,我们发现:

$1 \times 9 = 9$

$2 \times 8 = 16$

$3 \times 7 = 21$

$4 \times 6 = 24$

$5 \times 5 = 25$

认真观察思考,读者会有三个发现:两乘数的差距越大,其积就越小;两乘数差距越小,其积就越大;两乘数相等时,其积最大。显然,不难验证,在100以内、1000以内、10000以内,情况也是这样。更开放些,在无限大范围内,也会有同样的结论:"两个正数之和为定值时,其乘积将在两数差距增大时缩小,在两数差距缩小时增大,并在两数差为0,即两数相等时取得最大"。当然,这需要加以数学证明。

第三节 和差与积原理的代数证明与表达

上述思想用数学中的代数语言表达就是:

"若 $X > 0$, $Y > 0$, $X + Y = C$, C 为定值,则 $S = XY$ 将在 X 与 Y 的差距扩大时缩小,而在 X 与 Y 的差距缩小时增大,并在 X 与 Y 的差距为0即 $X = Y$ 时取得最大值"。

其证明如下:

两数 X 、Y 的差距是两数差的绝对值 $|X - Y|$ 。

由于 $X + Y = C$, C 为定值,故有:

$S = XY$

$\quad = X(C - X)$

$\quad = CX - X^2$

$$= - \left(X - \frac{C}{2} \right)^2 + \frac{C^2}{4}$$

$$= \frac{C^2}{4} - \left| X - \frac{C}{2} \right|^2$$

$$= \frac{C^2}{4} - \frac{1}{4} \left| 2X - C \right|^2$$

$$= \frac{C^2}{4} - \frac{1}{4} \left| 2X - (X + Y) \right|^2$$

由此得到：

$$S = \frac{C^2}{4} - \frac{1}{4} \left| X - Y \right|^2 \tag{1.3}$$

于是得证：

当 X 与 Y 的差距 $|X - Y|$ 增大时，S 趋于缩小，

当 $|X - Y|$ 缩小时，S 趋于增大，

当 $|X - Y| = 0$ 即 $X = Y = \frac{C}{2}$ 时，

S 取得最大值：$S_M = \frac{C^2}{4}$。

这个定理揭示了两个正数 X 与 Y 的"和" $C = X + Y$、"差" $|X - Y|$ 与"积"（$S = XY$）的变动趋势和关联规律。而后述各章将表明，利用这条定理中相关要素间的运动规律和辩证关系，可以解释大量经济社会现象，是一条很有说服解释能力的科学原理。为此，笔者将这条数学定理命名为"和差与积原理"。

加上 $X = Y$ 时 $S = \frac{C^2}{4}$ 的极值表达，和差与积原理的完整表述为：

若 $X > 0, Y > 0, X + Y = C, C$ 为定值，那么，$S = XY$ 将在 X 与 Y 的

差距扩大时缩小,而在 X 与 Y 的差距缩小时扩大,并在 $X = Y$ 时取得

最大值,$S_M = \dfrac{C^2}{4}$。

第四节　和差与积原理的几何意义

恩格斯说,"笛卡尔的变数是数学中的转折点,从此,运动和辩证法进入了数学"。如图 1-2 所示,把 $S = XY$ 放到笛卡尔直角坐标系中去表达,可以更清晰地看到,点 (X,Y) 沿着直线 $X + Y = C$ 运动时,表现为长方形面积的 $S = XY$ 变化的趋势和极值情况。

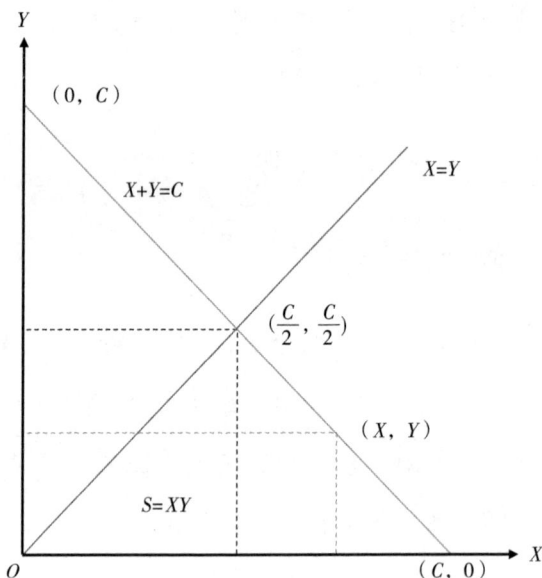

图 1-2　$S=XY$ 的解析几何意义

资料来源:由杨胡凤作图,笔者整理。

图 1-2 中，X、Y 都处在第一象限，表示 $X > 0, Y > 0$；满足 $X + Y = C$ 的点集合在连接但不包括 $(C,0)(0,C)$ 两点的线段上，它们共同构成了和差与积原理的边界条件。点 (X,Y) 是边界线段上的一个动点，其横坐标是 X，其纵坐标是 Y。这个点沿着边界线段运动时，分别以其横坐标 X 和纵坐标 Y 为长和宽的矩形的面积 $S = XY$ 随之发生变化。点 $(\frac{C}{2}, \frac{C}{2})$ 是边界线段的中点，连接这个中点和坐标系原点的直线的方程是 $X = Y$，这样恰好构成了以原点和中点为两个顶点的正方形 S_M。

$S = XY$ 的解析几何意义主要是点 (X,Y) 的运动带来的以下几个特点：

（1）当动点 (X,Y) 向着中点 $(\frac{C}{2}, \frac{C}{2})$ 运动时，无论是从 $(C,0)$ 点往左上行，还是从 $(0,C)$ 点往右下行，都会出现 X 与 Y 的差距 $|X - Y|$ 不断减小，X 与 Y 二者大小逐渐趋向均衡，带动矩形 S 随之趋近于正方形，其面积 S 不断扩大。

（2）当动点 (X,Y) 与中点 $(\frac{C}{2}, \frac{C}{2})$ 重合时，$X = Y = \frac{C}{2}$，X 与 Y 差距为 0，矩形 S 变成正方形，矩形面积 $S = XY$ 达到最大值：$S_M = \frac{C^2}{4}$。

（3）当动点 (X,Y) 从中点 $(\frac{C}{2}, \frac{C}{2})$ 沿着边界线向 $(C,0)$ 点运动时，虽然 X 逐渐增大，但同时 Y 不断减小，X 与 Y 的差距 $|X-Y|$ 越来越大，导致矩形越来越扁，$S = XY$ 逐渐变小，当动点 (X,Y) 趋近于点 $(C,0)$ 时，$S = XY$ 便趋近于 0，二维的矩形趋近消退成一条没有面积

的一维直线（X 轴）。

当动点 (X,Y) 从中点 $(\frac{C}{2},\frac{C}{2})$ 沿着边界线向 $(0,C)$ 点运动时，虽然 Y 逐渐增大，但同时 X 不断减小，Y 与 X 的差距 $|X-Y|$ 也越来越大，矩形越变越窄，也会导致 $S=XY$ 逐渐变小，当动点 (X,Y) 趋近于点 $(0,C)$ 时，$S=XY$ 也趋近于 0，二维的矩形亦趋近消退为一条没有面积的一维直线（Y 轴）。

上述解析图像表明，在 $X>0$，$Y>0$，$X+Y=C$ 的前提下，X、Y 要相向而行，S 才能在 X 与 Y 趋向均衡的过程中不断增长；X 与 Y 要取得相等，S 才能获得最大；一旦 X 和 Y 背道而驰，S 就会随之减小。和差与积原理的这些结论，我们将在讨论资源利用最大化、复合资本市场建设、混合所有制发展、病毒疫情防控和企业管理等问题时反复加以利用。

在本书以下的一些叙述中，为了讨论过程的形象和方便，和差与积原理可以表达为：

若两正数的和为定值，则两数的积在这两数差距扩大时缩小，而在两数差距缩小时增大，并在两数相等时达最大值。

第五节　两数之积 S 值的分布图像

将上节讨论中 S 值大小的变化沿坐标系横轴展开，即可作出 C 为定值时 S 值的横向分布图。一般而言，二次函数 $S=aX^2+bX+C$ 的图像是一条抛物线。二次项系数 a 决定抛物线的开口方向，当 $a>0$ 时，抛物线开口向上；当 $a<0$ 时，抛物线开口向下。抛物线对

称轴为直线 $x = \dfrac{-b}{2a}$。对称轴与抛物线唯一的交点为抛物线的顶点

P，其坐标为 $P(\dfrac{-b}{2a}, \dfrac{4ac - b^2}{4a})$。按照本章第三节中的分析，$S$ 相对

于 X 的函数式为 $S = -X^2 + CX$。按照上述知识，这个二次函数的图像

是一条抛物线，其开口向下，顶点最高；对称轴为 $X = \dfrac{C}{2}$；顶点坐标为

$P(\dfrac{C}{2}, \dfrac{C^2}{4})$，即 $X = \dfrac{C}{2}$ 时，有 $S_M = \dfrac{C^2}{4}$。

令 $C = 1$ 后作图，所得图 1-3 就是 S 值在 $C = 1$ 时的横向分布图。

这是一条以 $(\dfrac{1}{2}, \dfrac{1}{4})$ 为顶点的开口向下的抛物线。在 X 值从 0（不含

0）向 $\dfrac{1}{2}$ 逐步增大的时候，S 的值随之逐步增大，但增速逐渐降低。当

X 值等于 $\dfrac{1}{2}$ 时，S 的值达到最大值 $\dfrac{1}{4}$。当 X 值大于 $\dfrac{1}{2}$ 后继续向 1 增大

时，S 的值逐步减小，减速逐步加快。当 X 趋近于 1，S 就趋近于 0。

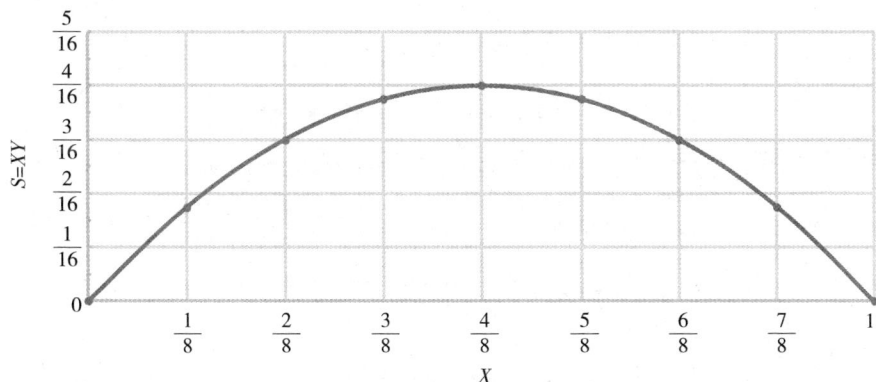

图 1-3　$C = 1$ 时 S 值的横向分布图

资料来源：由杨胡凤作图，笔者整理。

图 1-4 给出了 $C=\frac{1}{2}$、$C=1$、$C=2$、$C=3$ 时 S 值的横向分布组图。由图 1-4 可见，随着 C 值的增大，S 的极大值升得更高。其中原因在于 $S_M=\frac{C^2}{4}$ 中，S_M 随 C 增大发生 C^2 倍变化，当 $C>1$ 时，其间蕴含着一种倍积的力量。

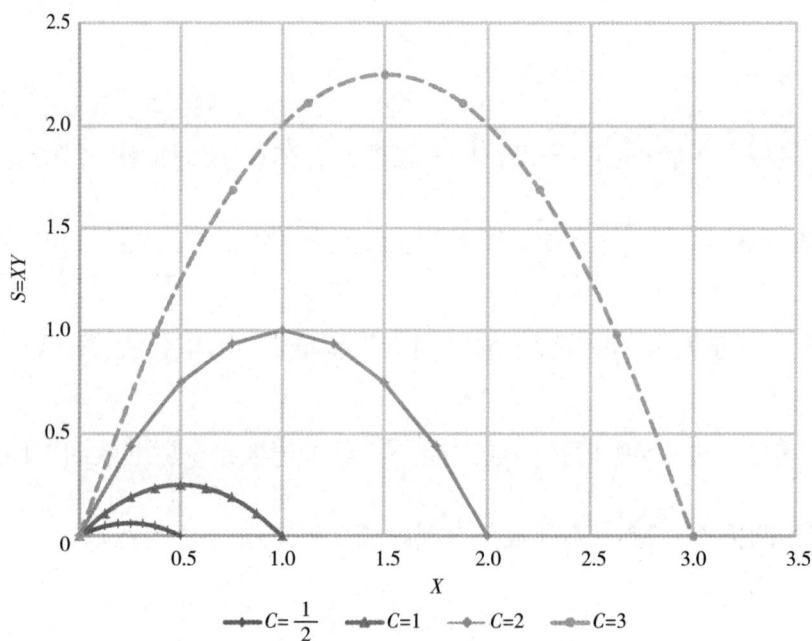

图 1-4　不同 C 值下 S 的横向分布图

资料来源：由杨胡凤作图，笔者整理。

图 1-5 是 $C=10$ 时 S 值的横向分布情况。此时，S 值的曲线已经是一个高挑的抛物线了。当 C 取更大数值时，S 的曲线将变得更高、更尖。

基于 X、Y 的对称性，可照此作出 S 沿 Y 轴展开的纵向分布图。事实上，将图 1-2 的 X 轴反时针旋转 90^0 到 Y 轴位置就得到 S 的纵向

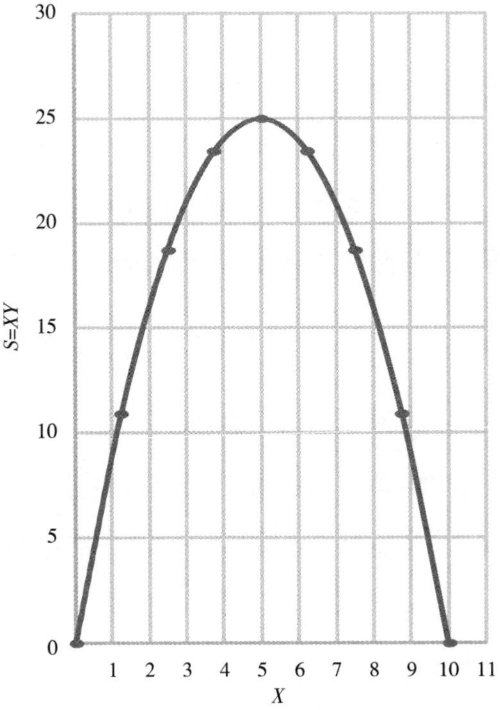

图 1-5 $C=10$ 时 S 值的横向分布情况

资料来源:由杨胡凤作图,笔者整理。

分布图。而在旋转过程中产生的切割体就是 $S=XY$ 的立体模型。

S 值单因素分布图的一个重要特点是,除了抛物线的顶点之外,相对于每一个 S 值,都有两个对等的 X 值与之对应。两个 X 值对应同一个 S 值,对应到经济问题中就出现政策取舍问题。这一特点将在讨论拉弗曲线时做深入分析。

第六节 两数之积 S 的极大值

从本章第三节的分析可知,两数之积 S 的极大值 S_M 由两数之和

C 来决定：$S_M = \dfrac{C^2}{4}$。若在一定的时段内，X 与 Y 两数之和 C 不变，这个时段中两数之积 S 的极值就不会增大或缩小。进入一个新的阶段后，当 C 发生变化，S 也将随之发生变化。由此，可以展开做大蛋糕 $C = X + Y$ 以求得 $S = XY$ 的新发展空间的相关讨论。

如图 1-6 所示，当直线 $X + Y = C$ 向内外平行移动时，其中点 $(\dfrac{C}{2}, \dfrac{C}{2})$ 将沿着直线 $X = Y$ 运动。因此，不同的 C 值将共同给出一组不同位置上 $X + Y = C_n$ 的平行线。显然，要分阶段做大 S 的极值，就得创造条件、打破常规，争取隔一段时间就将边界线平行向外有所推进拓展，分阶段做大 C_n 值这个"蛋糕"。当然，工作中更要尽力防范

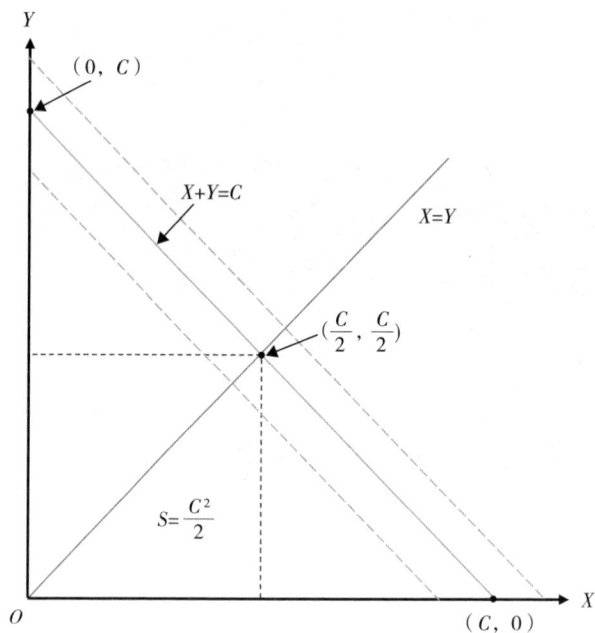

图 1-6　C 的大小决定 S 的极值

资料来源：由笔者整理。

系统性风险,始终保持 X 与 Y 的均衡,严防 C_n 向内缩减产生的内卷带来的系统性衰退。有关这方面的深入讨论,将在分析帕累托改进与帕累托最优一章中展开。

特别耐人寻味的是,和的对立面就是分。和差与积原理表明,在合二为一的情况下,只有所分两份的效率彼此相当时,其积才能最大。当 $C = 1$ 时,若动点 (X, Y) 与点 $(\frac{1}{2}, \frac{1}{2})$ 重合,即 $X = Y = \frac{1}{2}$,就有 $S_M = XY = \frac{1}{4}$,从而呈现出一种"三个最大同步"现象:当 X 和 Y 都是最大分数单位 $\frac{1}{2}$ 时,$S = XY$ 取得最大值 $\frac{1}{4}$。即 S 的最大值是由两个最大分数单位相乘获得的。这十分清楚地表明,在既一分为二又对立统一的系统中,系统整体功能的强盛源于系统中矛盾双方对系统功能贡献的均衡。

第七节 和与积的跨越发展边界线

值得指出的是,由于小数乘法自身的规律性,在 S 的增长过程中存在着一条关键性的跨越发展边界线。

在 $0 < C < 1$ 时,$C^2 < C$,使 $XY = S \leqslant \frac{C^2}{4} < \frac{C}{4} = \frac{(X + Y)}{4}$,

即 $4XY < X + Y$,导致 $4S < C$。即两数积 S 反而远小于两数和 C。在此阶段,社会的资源配置功能相当低下,S 的增长相当缓慢。

在 $C > 1$ 后,$C^2 > C$,导致 $XY > \frac{(X + Y)}{4}$,乘方的升维效应得以

发挥作用,两数积 S 就会随着两数和的增长出现更加快速的增长。这表明, $C=1$ 是 S 发展提升中的一条意义重大的跨越发展边界线。在此之前, S 的极值发展空间非常有限,在此之后, S 的极值发展空间则可迅速拓展。"马太效应"等强者恒强的经济社会现象可以由此得到解释。少数先发国家占据科技与金融等 $C>1$ 的高端基础实现持续发展,多数后发国家则因仍然处在人才与资本等 $C<1$ 的低端未能实现有效突破,原因就在于此。中国通过改革开放,以混合所有制激发出劳力与市场消费等各方面的巨大潜力,成功冲破 $C=1$ 的跨越发展边界线,使 $S=XY$ 的倍积优势得到有效发挥,成功提高了全社会资源配置效率,获得了经济社会的持续快速发展。

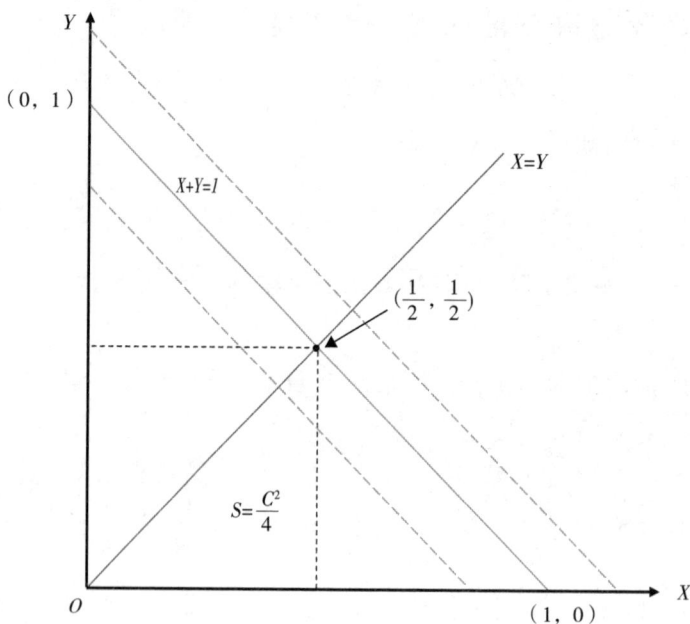

图 1-7 $C=1$ 是和与积的跨越发展边界线

资料来源:由笔者整理。

图 1-7 可以用于解释跨越式发展的边界问题。在一个国家内部,既要鼓励有条件的地区率先发展($C > 1$),又要通过创业人才培养和财政转移支付等持续而强有力的帮扶与振兴政策,切实带动落后地区一举闯过贫困线,使其不要总是陷在 $C < 1$ 的低速发展区域中。在全球范围要提倡大力推动建设人类命运共同体,讲的也是这个道理。落后可以改变,帮扶不需永远,关键是要使被帮扶者扎实闯过跨越发展的边界线。

第八节 和差与积原理中的美感

和差与积原理及其图像,充满了正态、对称、均衡、和谐、运动和辩证之美。

首先,和差与积原理中充满平衡的对称美。在和差与积原理的函数关系式 $S = XY$,定义域 $X > 0$、$Y > 0$,边界条件 $X + Y = C$ 中,X 与 Y 始终都是高度对称的、可以换位的。其图像是顶点在上、开口向下的正态抛物线。因此,对 X 的分析总是同时适用于 Y,X 与 Y 对于 S 的作用和影响也始终是等量齐观的。这要求人们在应用和差与积原理进行分析时,要平等、中性、同样地考察一个事物的两个方面,学会站在 S 这个事物的整体立场上来看问题、做分析、拿主意,而不能顾此失彼、有失偏颇、追求强调某一个方面而忽视另一个方面。

其次,和差与积原理中充满对立统一、执两用中的运动变化和协同合作的辩证之美。由于两数之和为定值,$X + Y = C$,符合和差与积原理的系统中 X 与 Y 是此消彼长、互补为一的关系。如图 1-2 所示,当 X 和 Y 相向而行、趋向均衡的时候,S 就会不断增大,并在 $X =$

Y 时取得最大。以 X 和 Y 的适度向中趋同,求得 $S = XY$ 的整体提升。掌握规律,增进协同,适为常道,永执其中,也许,和差与积原理解析图正是执两用中这个中国哲理最鲜明精当的几何图形表达。而当 X 与 Y 背道而驰过半而行的时候,不管是 X 或 Y 哪个方面单独提高,都必然随着另一方 Y 或 X 的等量下降。凡事有度,各自收敛,中不过半,过半则反。X 与 Y 某方超大导致二者差距扩大的结果,便是 $S = XY$ 的整体价值的衰减。所以,我们必须记住,S 的增大只能在 X 与 Y 相向而行、差距不断减少的过程中实现,S 的最大值则在且仅在 $X = Y = \dfrac{C}{2}$ 处获得。这其中,既有热力学的度量:当 $X = Y$ 时,有 $S_M = \dfrac{C^2}{4}$,系统进入帕累托最优状态;又有动力学的向量:系统将会朝着 $X = Y$ 的方向发展,X 与 Y 的差异将引发帕累托改进,直至系统进入帕累托最优。

因此,对于符合和差与积原理的系统 $S = XY$,为促进其整体发展,我们就应该想方设法搞好和差与积原理的正向应用,不断增进 X 与 Y 的协同与均衡,而不能执意固守 X 或 Y 的某种传统比例,牺牲目标函数 S 的整体发展功能。反之,若需要的是有效控制 S 的增长或要对其实行革命,就得反其道而行之,逆向应用和积原理,尽力将 X 或 Y 的某一方做成最大,控制 S 不断减小直至使其消失。这种情况,本书将在抗击新冠肺炎病毒问题时做深入讨论。显然,在一个复杂漫长的组织发展过程中,面对各种不同的事物和系统,我们就需要实事求是、把握方向、辩证施策,综合应用好和差与积原理,把 S 控制在恰当的状态之下或路径之中。这种需要综合利用和差与积原理的情况,本书将在第十七章中关于中医以平为期的治疗理论分析中深入讨论。

　　由此可见,学会和坚持运动地而不是静止地、整体地而不是片面地、联系地而不是孤立地、均衡地而不是极端地、有度地而不是无条件地看问题、想办法、找出路、求发展,正是和差与积原理中蕴含着的科学立场、路径、形象、状态和方法。

第二章　国家资源总体配置效率定律

政府和市场在资源配置中的作用,是一个在经济学上引起持久争议的问题。过往的计划经济强调有计划、按比例地以政府这只"看得见的手"去配置资源,西方的市场经济则强调政府不应干预经济,要由市场这只"看不见的手"来配置资源。

在四十多年的改革开放过程中,中国共产党人逐渐认识到,在资源配置上应该同时发挥政府和市场两方面作用,资源配置的方式逐步从按国家计划配置转向计划与市场相结合,从"实行计划调节为主、市场调节为辅",到强调"使市场在国家宏观调控下对资源配置起基础性作用",再到"使市场在资源配置中起决定性作用和更好发挥政府作用",逐步走出了一条中国特色社会主义市场经济的道路,取得了巨大的成功。

对休克疗法转型失败和中国在改革开放中成功发展的经济学解释多种多样。本章试着用和差与积原理为依据进行分析解释。

第一节　国家资源配置中的"两步走"模式

一个国家在一定时期(如一个年度)的社会资源总量是一定的,

这些资源总体上由国家(政府)与市场(私人或企业)两部门分别配置。因此,一国社会资源配置的过程总体上可以分两大步完成:国家宏观配置与市场微观配置。宏观和微观的先后秩序在不同国家、不同体制、不同文化下会有所不同,同一国家不同性质的社会资源的配置秩序也会有所不同,但这些并不影响上述分两步完成配置的基本判断。

第二节 依据和差与积原理导出国家资源总体配置效率定律

从数学知识可知,分两步完成工作的总体效率等于其两步各自效率的乘积。设第一步投入 a 产出 b,投入产出效率为 $X = \dfrac{b}{a}$,第二步投入 b 产出 c,投入产出效率为 $Y = \dfrac{c}{b}$,则总体上是投入 a 产出 c,总体效率为:

$$S = \frac{c}{a} = \left(\frac{b}{a}\right) \times \left(\frac{c}{b}\right) = XY \qquad (2.1)$$

例如,汞矿企业的生产包含矿山和冶炼两大步,其总的汞回收率就等于矿山工段的汞回收率与冶炼工段的汞回收率的乘积。若矿山工段汞的回收率为 78%,冶炼工段汞的回收率为 99.5%,则该矿山企业总的汞回收率为 78%×99.5% = 77.61%。

同理,假设政府宏观配置资源的效率为 X,市场微观配置资源的效率为 Y,那么,国家资源总体配置效率就是 $S = XY$。即国家资源总体配置效率的函数关系式与和差与积原理的表达形式是一致的。

这个乘积越大标志着国家总体资源配置效率越高。当这个乘积达到最大,国家资源的总体配置效率就达到最高。

一般情况下,政府和市场的资源配置效率都是正数,即 $X > 0$、$Y > 0$。在一个具体时点或一个较短的时期内,比如一个季度或一个年度内,由于政府和市场的资源配置效率 X 和 Y 都可视为不变,因此 X 与 Y 的和也可视为保持定值不变,即有 $X + Y = C$,C 为定值。这样,国家资源总体配置效率的函数关系及相关条件符合和差与积原理的函数形式和条件:

$$S = XY, X > 0、Y > 0,且 X + Y = C, C 为定值 \qquad (2.2)$$

于是,国家资源总体配置效率的变动趋势和最大化条件也应遵从和差与积原理。因此,依据和差与积原理,可以直接导出国家资源总体配置效率定律:

国家资源总体配置效率,将在政府和市场的资源配置效率趋向背离时降低,而在政府和市场的资源配置效率趋向均衡时提高,并在政府与市场两者的资源配置效率相等时取得最高。

根据这条国家资源总体配置效率定律,只有既发挥好市场在资源配置上的决定性作用,同时又更好发挥政府的资源配置作用,才能全面提高国家资源总体配置效率。因此,各种经济体都应尽力争取均衡提升政府和市场两方面参与社会资源配置的能力和效率,不能厚此薄彼,不应主观好恶,不可有所偏颇。要充分挖掘社会资源总体配置的潜力,既不应妨碍市场这只无形的手按供求规律、价值规律、企业规律等发挥决定性作用;也不能懒政怠政限政,妨碍政府这只有形之手去统筹市场数据资源、拓展市场基础设施、维护市场营商环境、保持国计民生基本需求、推进区域均衡发展、弥补各类市场失灵。

为此,第一,要保持和平、保持稳定、坚持稳中求进,严防国内外各种混乱导致经济下滑。第二,要用好数据资源,认识经济规律,促进政府和企业搞好规划计划。第三,要改善营商环境,优化政策制度,提高市场透明度,增进市场诚信,降低交易成本,通过加强管理提高政府和市场效率。第四,要搞好产权保护,推动要素流转,推进创新创业,以数字化、信息化带动城市化、农业现代化和新型工业化,大大提高各类生产要素运行效率。第五,要持续大力建设和完善能源、交通、通信等基础设施,加快数字转型、智能升级、融合创新等新型基础设施建设,并通过"一带一路"建设提升中国与全球市场的连接、互动和服务能力,使国家资源配置能力和配置效率不断跨上新的台阶。第六,要搞好二次分配和三次分配,促进区域均衡发展,防止社会出现两极分化。

第三节　两个重要的推论

一、后发国家更需要发挥好政府作用

依据和差与积原理导出的国家资源总体配置效率定律是国家资源配置和经济发展的基本规律。先发国家和后发国家的资源配置都在遵从这个规律,只是两者处于不同的发展阶段,经济发展的重心有所不同。先发国家已经越过经济社会发展诱导期,进入 $X + Y = C > 1$ 的发展阶段。后发国家则多半仍然没有冲过 $C = 1$ 的跨越发展边界线。从本书第一章第七节对 $C<1$、$C=1$、$C>1$ 时 $S = \dfrac{C^2}{4}$ 增长规律的分

析可知,在一个经济体的经济起飞诱导期,其经济运行在 $C = 1$ 的跨越发展边界线以内,$C < 1$,$C^2 < C$,导致 $4XY < (X + Y)$,即两数积反而远远小于两数和,这个时候国家经济资源如同一盘散沙,未能有效凝聚起来形成力量,社会资源总体配置效率 $S = XY$ 相当低下,经济发展相当缓慢。因此,在这个阶段,必须发挥好政府作用,提高能源、交通、通信等各类基础设施水平和效率,处理好国内市场与全球市场的循环关系,健全完善国家市场化、现代化、国际化制度体系与规划计划,建立良好的营商环境,加大资本形成和人才培养力度,引领社会奋力闯过 $C = 1$ 的跨越发展边界线,早日进入 $C > 1$ 的发展阶段,赢得 $4XY > (X + Y)$ 的高效发展。中国在进入经济良性循环后,及时推动"一带一路"建设发展,既是自身持续发展的市场需要,也是希望促进沿线国家和地区通过互联互通和国际产能合作,共同闯过区域跨越发展边界线的紧迫需要,因此双方一拍即合,迅速展开合作。而一些已经先发的国家,没有闯关的急迫需要,参与"一带一路"建设的行动就显得相对迟缓。

二、后发国家的发展需要强大的国有经济

后发国家怎样才能更好发挥政府的作用呢?最重要的一点,是政府要建设好各类要素市场平台和能源、交通、通信等基础设施,以保障各类市场主体能充分用好用活各类经济资源。由于各类要素市场平台和基础设施既具有强烈的公益性,又要求较高的运行效率,使其运维机构既不宜以政府部门的形式存在,也不宜以私有企业形式运作,因而需要以国家出资的市场主体出现,这就要求将这些运维机构作为国有企业来运作。因此,在推动国家闯过跨越发展边界线的

过程中,政府必须对足够的土地资源和一大批重点企业享有所有权并能通过要素市场进行调配,形成强大的国有经济。改革开放以来,中国坚持国有经济和私营经济同步发展,成功实现了经济快速增长,从正面很好地证明了这一点。而同一时期很多国家一心只走私有化道路,导致国家经济崩溃,从反面提供了鲜明例证。比如公路、机场、港口和高铁,在中国建设效率很高,而在印度发展很慢,一个重要原因就是中国的土地实行公有制,而印度的土地实行私有制。中国基础设施发达使土地价值和城市价值迅速提升,而印度基建很慢,最终两国发展速度差距不断拉大。

第四节　两个对比例证

一、美国的强大与华盛顿共识的错误

美国的市场经济很发达,资本规模大、流动性好,企业资源配置效率很高;同时,凭借其超级大国军事力量、强势美元和先进科技的独特地位,美国政府在全球配置资源的能力也极其强大。发达的市场和强力的政府二者共同支撑美国经济在全球市场长期占据龙头地位。然而,美国在华盛顿共识下向南美、俄罗斯、东欧、中东和非洲等地输出其国家经济改革方案时,却毫无例外地片面强调通过市场化、私有化配置资源,极端强调国企私有化,大力削弱相关国家政府的资源配置能力,结果使这些国家的经济在改革中因失去政府与市场在资源配置效率上的均衡,导致普遍的社会混乱和转型失败。苏联解体后,全盘私有化的休克疗法使俄罗斯经济持续多年快速下滑。普

京执政后,重振国有经济,使俄罗斯国家资源配置能力与私人资源配置能力重新有所均衡,才促进其经济得到一定增长。

二、中国的过去与现在

中国的发展故事也是一个很好的案例。旧时的民国政府,经济资源配置能力很弱,人民群众处在水深火热之中,国民经济宛如一盘散沙,社会整体资源配置效率很低。新中国在计划经济时期,集中力量建设了一大批工业项目,取得了一大批重要科研成果,形成了比较独立的科研和工业体系。但由于过分强调政府计划配置资源,个人配置资源的能力受到压抑,经济社会发展整体上相对较慢。改革开放以来,我国坚持以公有制为主体、多种所有制经济共同发展的基本经济制度,毫不动摇地巩固发展公有制经济,毫不动摇地鼓励、引导、支持非公有制经济发展,积极稳妥发展混合所有制经济,大力推进社会主义市场经济体制建设,既注重发挥市场在资源配置中的决定性作用,又强调更好发挥政府作用,公有制经济和私有制经济都得到很大发展,综合国力大为提高,对世界的贡献也不断提升。可以说,在社会资源配置上坚持按和差与积原理办事,注重同时发挥有效市场和有为政府两个积极性,不断促进市场和政府两方面资源配置效率的均衡,正是中国快速发展的根本原因,是中国改革开放的重要经验!

上述关于国家资源总体配置效率定律的分析和解释过程,就是以数学原理为依据的研究方法在宏观经济学上的基本应用过程。在这个过程中得到的定律和推论均源于数学原理,其正确性不用另行求证,其启发性有待读者体悟和联想。以这条国家资源总体配置效率定律及其推论为理论前提去替代"人是经济人""政府在经济上是负作用的"等西方经济学的过时假设,再结合具体经济问题建模研究、分析推导,就可以得出新的、争议更少而共识更强的经济学研究成果。

第三章　政府税收定律与拉弗曲线证明

以拉弗曲线为代表的减税政策对美国近四十年的经济发展产生了实质性的深刻影响,但拉弗本人却没有对拉弗曲线作出过证明。本章用和差与积原理对拉弗曲线给出一种证明方法,并依其逻辑对减税政策的应用提出原则建议。

第一节　拉弗曲线的故事

阿瑟·拉弗是美国著名供给学派经济学家。

"拉弗曲线"这个词源于拉弗在 1974 年某天下午与政府官员迪克切尼和唐纳德·拉姆斯菲尔德的一次聚会。在这次聚会中,拉弗在一张餐巾上画了一条抛物线来说明税率如何影响税收。其观点可以简述为:如果税率为零或 100%,则税收为零,而在零税率和 100% 税率之间存在着一个能使税收最大化的税率。拉弗提出,美国已处于这条抛物线向下倾斜的一边上。他认为,税率如此之高,以至于降低税率实际上反而会增加税收。此后,"拉弗曲线"一词由出席此次聚会的时任《华尔街日报》副主编裘德·万尼斯基提炼并传播开来。他在 1979 年的公共利益杂志上撰文《税种、税收和拉弗曲线》,首次使用了"拉弗曲线"的概念。但拉弗说,这一概念其实并不是什么新东西,他也是从中世纪阿拉伯哲学家伊本·赫勒敦和20世纪的经济学家约翰·梅纳德·凯恩斯那里学到的。

拉弗曲线的核心思想是:政府必须保持适当的税率,才能既保证较好的财政收入,又有利于创新和就业。税率高并不等于政府实际税收就高。因为税率过高,纳税者就被吓跑了,经济活动就会减少,政府反而收不上税来。只有当税率达到一个最佳值时,实际税收才是最高的。将过高的税率降低,企业投资再生产的积极性提高,生产经营规模扩大,政府反倒能够收上更多的税。

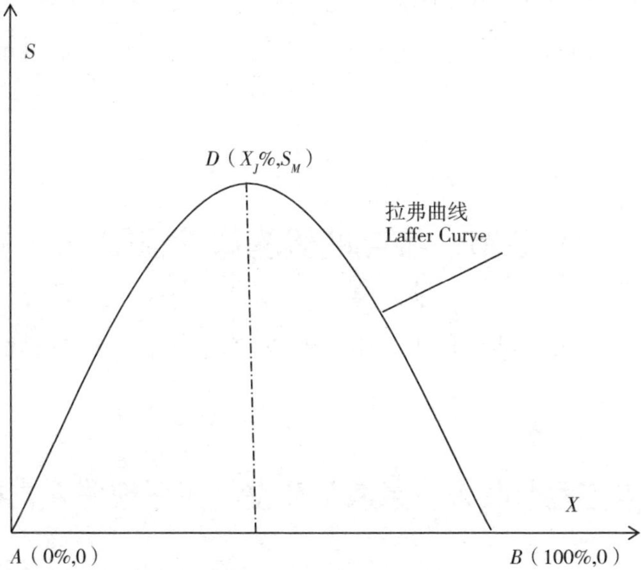

图3-1　拉弗曲线示意图

资料来源:由笔者整理。

如图3-1所示,以坐标系的横轴表示税率$X\%$,纵轴表示税收S。当税率为0%时,税收S为0,这是A点(0%,0)的状况;当税率为

100%时,企业无利可图,不再生产,于是也无税可收,税收 S 亦为 0,这是 B 点(100%,0)的状况。而在税率为 0%和 100%中间的某一最佳税率 X_J%时,税收将取得最大值 S_M ,如 D 点(X_J%, S_M)的状况。在达到这个最佳税率 X_J% 之前,提高税率会增加税收 S 。在越过这个最佳税率 X_J% 之后,过中则反,继续提高税率反而将降低税收 S 。因此,拉弗将税收曲线画成了一条以 D 点为顶点、开口向下、经过 A 、B 两点的正态分布的抛物线。

尽管拉弗曲线的思路是简明而清晰的,但是,拉弗本人至今也没有给出过这条抛物线的数学证明。既没有列出抛物线 $S = f(x)$ 的函数式,证明税收曲线不是折线、不是圆弧或其他曲线,也没有证明抛物线确实是开口向下且呈正态分布的,更没有给出并证明最佳税率 X_J% 的理论值。

第二节　拉弗曲线的理论证明

其实,拉弗曲线结论的正确性,可以引用和差与积原理简单地作出证明。

一、年度税收收入关系满足和差与积原理关系式要求

设 S 是税收收入; X 是税率,即个人和企业所得的单位收入需要缴纳的税收; Y 是税基,即纳税人年度应纳税总额的多少。对全体纳税人年度应纳税总额按规定税率纳税,就形成国家年度税收收入,因此有 $S = XY$ 。这表明,税收收入与税率、税基的函数关系式与和差与积原理的函数式同形。

通过这个税收函数关系,人们似乎可以得到两个简单的结论:若税基不变,则税率越高时税收越多;反之亦然,若税率不变,则税基越大时税收越多。但是,这个结论过于简单,以致其在现实中并不可用,因为它是忽略了事物关联性的降维结论,是将二次函数偏导为一次函数后得到的结论。不能离开"若税基不变"的条件去说"税率越高税收越多",也不能离开"税率不变"的假设去一般地说"税基越大税收越多"。现实中,税基与税率是强烈互动的。税率增减,会导致税基随之减增;税基增减,也会要求税率根据纳税对象的变化作出必要调整。因此,要基于二者负反馈的互动关系来分析税收的变化。

二、税基与税率具有和为定值的性质

在税收函数 $S = XY$ 中,X 与 Y 之间有何数量关系呢? 拉弗已经注意到,税基与税率是此消彼长的。税率越低,纳税人投入经营的积极性越高,税基越大;税率越高,纳税人投入经营的积极性越低,税基越小。所以,如果 X 与 Y 可以加和,则税率和税基之间存在 $X + Y = C$ 的互补关系,即 X、Y 以 C 为和此消彼长。而且,在经济正常运行状态下,在一定的时段内,稳定的税收要求税率明确,税基可测,且不应随意进行调整。即 X 与 Y 都是明确和可预期的,因此,其二者的数量之和也是明确的,故有:$X + Y = C$,且 C 为定值。

问题在于,税率 X 与税基 Y 具有可加和性吗? 有,但需要引入年度潜在税基的概念来帮助说明。如果把一个国家某年可能实现的最大税基 Y_M 称为年度潜在税基,并视年度潜在税基为 1 单位税收,则该年度的实际征税基数 Y 将是分布在 $(0,1]$ 区间之内的潜在税收实现率 Y_S 与潜在税基之乘积:$Y = Y_M \cdot Y_S$。 如此,税率 X 与潜在税收实

现率 Y_S 就可以进行加和,相关坐标系中 X 轴和 Y 轴的单位也就具有了一致性, $S=XY$ 转换为 $S=Y_M \cdot XY_S$,其中, Y_M 为潜在税基,在每个年度是个定数, X 与 Y_S 的定义域为 $0<X<1,0<Y_S \leqslant 1$ 。

三、税收收入曲线是一条正态抛物线

上述分析表明,税收 S 、税率 X 和税基 Y 三者之间的数量关系符合和差与积原理的形式和条件:

$$S=XY,0<X<1,0<Y<1,X+Y=C,C \text{ 为定值} \qquad (3.1)$$

因此,税收 S 、税率 X 和税基 Y 三者之间的数量关系应该遵从和差与积原理中变量之间的数量关联规律。于是,根据和差与积原理,可以直接导出政府税收定律:

当税率和潜在税基实现率差距扩大的时候,政府税收减少;当税率和潜在税基实现率差距缩小的时候,政府税收增大;当税率和潜在税基实现率相等(50%)的时候,政府税收最大。

为使读者加深印象,下面简要重复一下相关证明过程:

由 $X+Y=C$,得 $Y=C-X$;

将 $Y=C-X$ 代入税收公式,有 $S=XY=X(C-X)$,即:

$$S=-X^2+CX \qquad (3.2)$$

根据二次函数图像知识,在以 X 为横轴、 S 为纵轴的直角坐标系中,式(3.2)的图像是一条抛物线, X^2 项系数为 $-1<0$, X 项的系数为 $C>0$,这条抛物线的开口向下,其对称轴直线方程为 $X=\dfrac{C}{2}$,其顶点坐标为 $(\dfrac{C}{2},\dfrac{C^2}{4})$;其与 X 轴的两个交点的坐标分别为 $(0,0)$ 和

（C,0）。

当 $C = 1$ 时,式(3.2)的图像如图3-2所示。

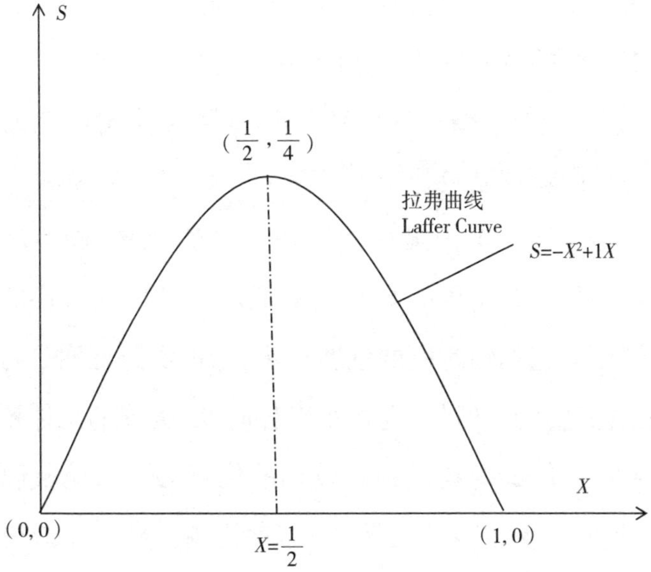

图 3-2　税收和税率关系

资料来源:由笔者整理。

于是,应用和差与积原理,我们回答了上面对拉弗曲线提出的一连串理论质疑,并给出了肯定的答案:税收相对于税率的函数式为 $S = -X^2 + CX$。当 $C = 1$ 时,其图像是一条以直线 $X = \dfrac{1}{2}$ 为对称轴的正态的开口向下的抛物线,而不是折线、圆弧或其他,也不是偏置的抛物线。这条抛物线与横轴相交于(0,0)(1,0)两点,表明税率为0%或100%时,税收为0。这条抛物线的顶点坐标是 $\left(\dfrac{1}{2},\dfrac{1}{4}\right)$,它是税收曲线唯一的极值点,指明了税收收入会在税率居中,即 $X = 50\%$ 时取得最大值,即 $X_J = 50\%$ 时,有 $S_M = \dfrac{1}{4}$。到了顶点,过中则反,税收收入不但不再随税率增加而增大,反而会因税率的进一步提高而不断减少。当税率 $X \leqslant 50\%$ 时,提高税率将增加税收;当税率 $X > 50\%$ 之后,提高税率反而会减少税收!显然,在顶点左边的 $(0\%, 50\%)$ 区间,是减税支持产能发展的政策区间,税率越低对产能发展支持力度越大;在顶点右边的 $(50\%, 100\%)$ 区间,是增税控制产能的政策区间,税率越高对产能抑制越强。

里根总统上任时,美国最高边际税率高达 70%,确实应该大大减降。实践证明,拉弗主导的减税政策既促进了里根时代的经济转型发展,也带动了克林顿时期的创新进步,已被实践证明是符合当时美国经济发展需要的。但是,经过小布什时期,美国的总体税率已经步入 $X < 50\%$ 一侧离抛物线顶点较远的位置,此时,减税政策的收益已经平衡不了财政赤字扩大带来的不利影响,继续以减税作为主要的财政政策就会造成诸多新的问题。奥巴马的减税政策实行不到一年就被迫调整。特朗普时期,财政赤字过大、问题全面恶化。待到拜登上任不足百日,就不得不考虑出台美国自 1993 年以来的首次"一揽子"大幅加税,其中企业税率从 22% 提高到 28%。

上述理论分析证明,以拉弗曲线为标志的减税政策基本符合和差与积原理导出的政府税收定律,但还不够全面。政府税收政策既要注重通过恰当减税促进创新、激励税基扩大,也要善于用加税调控过剩产能,更要致力于实现税收和财政支出的平衡。

第三节 对最大税率与最佳税率的简单讨论

拉弗画出拉弗曲线,并不是为了寻找到能使税收最大化的最大税率,而是为了改善美国当时税收过高的状况来促进就业和创新。

　　总体来说,税收政策是最重要的财政政策和宏观调控工具之一,对就业、稳定、供给、消费和出口等都有直接而重大的影响。但是,最大税率不一定就是最佳税率,整体税率政策与局部税率安排应结合实际情况允许有所不同。政府需要在整体上追求税收收入最大化的同时,充分考量自身的国际竞争能力,针对不同行业和领域的具体情况确定不同的税率,恰当使用税收减免激励政策和高税率调控政策支持或控制产能,而不应一味追求税收最大化或为兑现选举承诺笼统实行减税。

　　以我国为例,新时期我国社会的主要矛盾是人民日益增长的美好生活需要和不平衡不充分的发展之间的矛盾。面对国家安全、乡村振兴、公共服务、地区平衡发展和新老基础设施建设的强烈支付需求,政府需要追求税收最大化,即将总体税率控制在接近50%左右的水平。但在若干重点领域,则需要实行差异化政策。比如,针对严重的产能过剩,必须在相关行业大力控制投资扩张,加快结构调整,淘汰落后产能。因此,可在明确技术经济指标基础上,对落后产能区别情况实行60%以上的高税率。而针对第四次工业革命的历史机遇和中国青年的创新热情,可在数字经济领域实行10%以下的低税率政策以激励青年创新创业,并以定期减免税政策支持各类创新平台建设发展。针对中国一般商品大量出口而高端产品出口不多、大企业国际化经营水平整体相对落后情况,税收政策应该探索以合适的方式,鼓励进口重要资源和高端消费品,引导高端产品和服务走出去,支持企业在质量提升的基础上加快产能转移和国际并购。在全球大疫的特殊时期,国际市场空间骤然大幅度萎缩,小微企业生产经营空前困难,国家就更应该为保就业、保民生而大力保企业,实行最大力度的减税让利。

第四章　帕累托最优与共同富裕的实现

帕累托改进和帕累托最优是以意大利经济学家维弗雷多·帕累托的名字命名的两个福利经济学概念。实现帕累托改进能提高社会福利,追求帕累托最优能增进社会公平。本章在用和差与积原理的几何图像分析经济社会发展中存在的可帕累托区域基础上,从和差与积原理导出了全域经济资源配置效率定律,并对如何实现先发地区和后发地区的波浪式发展与共同富裕进行了深入分析。

第一节　帕累托最优的概念

帕累托在经济效率和收入分配的研究中提出:在一种经济活动中,如果一个人可以在不损害其他人利益的前提下改善自己的处境,那他就在资源配置方面实现了一种好的改进,取名为帕累托改进。而当系统中的这种帕累托改进达到极致状态,以至于再也没有任何一个人可以在不使他人境况变坏的同时使自己的情况变得更好,该系统的经济活动就达到了资源配置的最优化状态,取名为帕累托最优。也就是说,系统的帕累托最优是系统达到再也没有帕累托改进空间的状态。因此,帕累托最优是资源配置中公平与效率最佳的理想状态,而帕累托改进则是实现帕累托最优的路径和方法。

显然,帕累托改进是在不减少一方的福利时,通过改变现有的资源配置方式提高另一方的福利;而帕累托最优则指在不减少一方福利的情况下,已不可能增加另外一方福利的状态。在企业改革发展等经济活动中,必须充分利用有限的人力、物力、财力,优化资源配置,以实现用最小的成本创造最大的效益。帕累托改进的道理表明,在系统尚存在资源闲置或效率低下的情况下,各种形式的帕累托改进都应及时予以发现并善加利用。帕累托最优的观念则指明,在谋划推进全局性改变而不得不影响部分人的现有利益时,需考虑对福利受损及获利偏少的方面给予恰当的补偿。

第二节　帕累托最优的几何解析

对于帕累托改进和帕累托最优,同样可以用和差与积原理进行分析解释。换句话说,当系统状态从现实状态 C 向理想状态 C' 运动时,符合和差与积原理的系统 $S = XY$ 存在特定的帕累托改进区和最佳帕累托改进线。根据第一章第六节对 $S_M = \dfrac{C^2}{4}$ 的讨论,可用图 4-1 来分析双因素系统 $S = XY$ 从可帕累托改进状态向帕累托最优状态转变的情况。

根据和差与积原理,在双因素函数 $S = XY$ 系统中,若两单因素 X 和 Y 均为正,且有 $X + Y = C$,C 为定值,则 $S = XY$ 将在 $X = Y = \dfrac{C}{2}$ 时有最大值 $S_M = \dfrac{C^2}{4}$。以直线 AB 代表满足以 $X + Y = C$ 为约束条件的现有

状态,设 P 是 $S = XY$ 在现有状态下的极值点($\frac{C}{2}, \frac{C}{2}$);以直线 HK 代表系统改进、C 值扩张后满足 $X + Y = C'$ 为约束条件并经过新的帕累托最优点的理想状态,设 Q 是 $S = XY$ 在理想状态下的新的极值点。从现实状态中的 P 点到理想状态下的 Q 点,可以在正方形 $PMQN$ 内外有很多条改进路径。但是,只有在正方形 $PMQN$ 之内的正向改进可以分解为帕累托改进:$\Delta X \geq 0$,且 $\Delta Y \geq 0$,即只有正方形 $PMQN$ 内是可帕累托改进区。

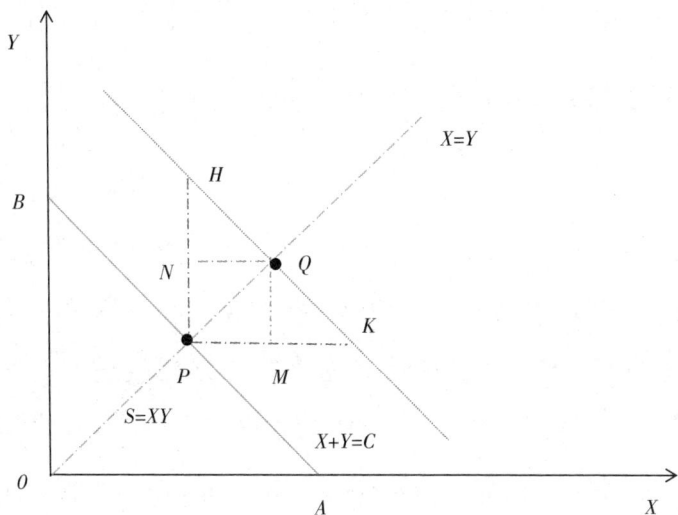

图 4-1 系统从可帕累托改进到帕累托最优

资料来源:由笔者整理。

其原因主要有以下几个方面:

一、PN 线以右可有横向帕累托改进

在 PN 线以左区域,$X < P_X$,$X - P_X \leq 0$,横向增长为负值,故不

是帕累托改进。在 PN 线及 PN 线以右区域,当 P 沿 PK 向右正向运动到 M 的过程中,保持 P_Y 不变,可有 P_X 逐渐增长到 M_X,这是一个 X 增大而 Y 不减少的过程,是横向的帕累托改进。

二、PM 线以上可有纵向帕累托改进

在 PM 线以下区域,$Y < P_Y$,$Y - P_Y < 0$,纵向增长为负值,也不是帕累托改进。在 PM 线及 PM 线以上区域,当 P 沿 PH 运动到 N 点的过程中,保持 P_X 不变,可由 P_Y 逐渐增长到 N_Y,这是一个 Y 增大而 X 不减少的过程,是纵向的帕累托改进。

三、Q 是帕累托最优线 HK 上的极值点

在 Q 点,$Q_X = Q_Y$,且 $P_X < Q_X$、$P_Y < Q_Y$,因此,NQ 线以上(Y 值 $> Q_Y$)、MQ 线以右(X 值 $> Q_X$)均为不能再实现帕累托改进的区域。所以,若 Q 是帕累托最优点,则直线 $X = Y$ 上的 PQ 线段是最佳帕累托改进线,而正方形 $PMQN$ 之内是可帕累托改进区。在正方形 $PMQN$ 中可分解为 ΔX 和 ΔY 两个正向改进的所有改进过程都是帕累托改进,而其中沿 PQ 推进的始终保持 $\Delta X = \Delta Y$ 改进均衡的帕累托改进具有最高效率。

显然,改革发展过程中,Q 点的设计指标必须科学,PQ 的间距大小应能反映经济社会的潜在增长率,既使系统能实现由 P 到 Q 的最大跨越,形成 $PMQN$ 的最大化,又使系统中各部分之间的利益差距能够得到总体控制并逐步趋向公平。

上述论述对推进资源配置优化有着重要的启示意义。改革过程中,既要努力扩大可帕累托改进区,又要尽力追求有利于各方的均衡

改进;在暂时不具备实现均衡改进的时候,也应及时推进那些具有帕累托改进性质的各种变革,并在持续改革过程中利用各种可能性,恰当推动均衡改进来实现资源配置的整体最优。这也就决定了,各国的改革发展都应结合本国实际,"摸着石头过河"逐步推进,而不能按休克疗法①"一刀切"地激进推行。

四、多因素分析与推广

由此类推,当超出双因素问题去讨论多因素函数时,由于维度增加而会出现与之对应的可帕累托改进体和帕累托最优线。虽然情况会更加复杂,但采用数学上求偏导的思想方法,在可帕累托改进体的各个剖面上,仍可继续采用和差与积原理来进行相关问题的分析和讨论。

第三节　中国部分先富与共同富裕问题的最优解

帕累托改进和帕累托最优是福利经济学理论。推动帕累托改进能提高社会福利,追求帕累托最优能增进社会公平。但当一个经济系统处于帕累托最优状态时,原有的各种帕累托改进终结,系统发展

---

① "休克疗法"(shock therapy)这一医学术语于 20 世纪 80 年代中期被美国经济学家杰弗里·萨克斯(Jeffrey Sachs)引入经济领域。萨克斯根据玻利维亚经济危机问题,提出了一整套经济纲领和经济政策,主要内容是经济自由化、经济私有化、经济稳定化,实行紧缩的金融和财政政策。由于这套经济纲领和政策的实施,具有较强的冲击力,在短期内可能使社会的经济生活产生巨大的震荡,甚至导致出现"休克"状态,因此,人们借用医学上的名词,把萨克斯提出的这套稳定经济、治理通货膨胀的经济纲领和政策称为"休克疗法"。因不切合各国实际,违背和差与积原理,美国在俄罗斯、中欧、北非、南美、中东等地普遍推广的休克疗法改革,均以失败而告终。

的旧动能消失,系统运行状态将停滞不前。这在和差与积原理中表现为,当系统进入帕累托最优状态的 P 点时,由于 $X = Y = \dfrac{C}{2}$ 不再变化,$S_M = \dfrac{C^2}{4}$,也就进入阶段性僵化状态。此时,要引导系统进一步改革发展,就需要为系统建立新的帕累托最优目标 C',并以 X 或 Y 某一方面的率先发展来打破现有 X 与 Y 的平衡,形成新的发展动能,造成你追我赶波浪式发展的态势。因此,推进系统演进,既要能打破僵局、形成落差、增强活力、提高效率,又要能加强调控、均衡发展、分享利益、保持稳定,总体上争取每隔一个阶段就登上一个新的发展台阶,并随时准备攀登另一个更高的台阶。

改革开放前,受国内外多种因素影响,我国在生产上全面推行计划经济,在分配上实行平均主义,经济社会运行缺乏活力和效率,人均 GDP 低,人民生活贫困,社会财富增长缓慢。1978 年 12 月,邓小平同志在党的十一届三中全会前召开的中央工作会议上发表题为《解放思想,实事求是,团结一致向前看》①的重要讲话,明确提出:"在经济政策上,我认为要允许一部分地区、一部分企业、一部分工人农民,由于辛勤努力成绩大而收入先多一些,生活先好起来。一部分人生活先好起来,就必然产生极大的示范力量,影响左邻右舍,带动其他地区、其他单位的人们向他们学习。这样,就会使整个国民经济不断波浪式地向前发展,使全国各族人民都能比较快地富裕起来。"

在 20 世纪 80 年代,他又在多种场所反复强调这种通过先富带

---

① 《邓小平文选》第二卷,人民出版社 1994 年版,第 152 页。

后富最终实现共同富裕方法的重要性。1992 年 1 月,邓小平同志在南方谈话中,对先富与共同富裕问题作出了更为清晰的阐述。他指出:"走社会主义道路,就是要逐步实现共同富裕。共同富裕的构想是这样提出的:一部分地区有条件先发展起来,一部分地区发展慢点,先发展起来的地区带动后发展的地区,最终达到共同富裕。如果富的越来越富,穷的越来越穷,两极分化就会产生,而社会主义制度就应该而且能够避免两极分化。解决的办法之一,就是先富起来的地区多交点利税,支持贫困地区的发展。当然,太早这样办也不行,现在不能削弱发达地区的活力,也不能鼓励吃'大锅饭'"。① "可以设想,在本世纪末达到小康水平的时候,就要突出地提出和解决这个问题。到那个时候,发达地区要继续发展,并通过多交利税和技术转让等方式大力支持不发达地区。不发达地区又大都是拥有丰富资源的地区,发展潜力是很大的。总之,就全国范围来说,我们一定能够逐步顺利解决沿海同内地贫富差距的问题。"②

让一部分人、一部分地区先富起来,然后带动其他人和其他地区逐步发展,最终实现共同富裕,是邓小平同志的重要思想,成为中国共产党的重要政策,为改革开放找到了巨大的动力源泉,是中国脱贫致富快速发展的主要方法,促进了中国经济长时间、分阶段、一浪接一浪的持续向前发展,为世界经济发展和减贫事业作出了重大贡献。

下面用和差与积原理来分析解释通过先富带后富实现共同富裕政策中包含的经济学道理。

用 X 表示先富地区的经济资源配置效率,用 Y 表示后富地区的

---

① 《邓小平文选》第三卷,人民出版社 1993 年版,第 373—374 页。
② 《邓小平文选》第三卷,人民出版社 1993 年版,第 374 页。

经济资源配置效率,用 S 表示全域经济资源配置效率,那么,全域经济资源配置的总体效率就是 $S = XY$。由于 $X > 0, Y > 0$,且一定时段内(比如月度或季度)$X + Y = C$ 可视为定值,因此,全域经济资源配置效率函数符合和差与积原理的函数形式和条件:

$$S = XY, X > 0、Y > 0,且 X + Y = C, C 为定值 \qquad (4.1)$$

于是,按照和差与积原理,可以直接导出下述全域经济资源配置效率定律:

当先富地区和后富地区的经济资源配置效率差距扩大时,全域经济资源配置效率降低;当先富地区和后富地区的经济资源配置效率差距缩小时,全域经济资源配置效率提高;当且仅当先富地区和后富地区经济资源配置效率相等的时候,全域经济资源配置效率达到最高。

这条定律,既适用于国家,也适用于区域。按此原理,我国必须在总体规划上高度注意保持东西部经济资源配置效率的同步提升,大力支持西部大开发和向西开放。与此同时,又要放眼国际,从国家安全和发展、中国与发达国家的竞争力均衡角度看问题,持续推进东部率先发展。

将部分先富和共同富裕问题用图 4-1 的原理分析,可以看到:P 点是现实资源配置状态,Q 点是下一阶段的资源配置理想状态。从 P 到 Q,政策设计上不能走正方形 $PMQN$ 之外的道路,因为 PM 之下区域和 PN 之左区域意味着会有人要在发展中刚性减少既有所得,会产生一部分人的政策性利益损失;而 QM 之右区域和 QN 之上区域超出下一阶段最优理想配置水平,不可能实现。因此,资源配置优化的最佳政策空间只能在正方形 $PMQN$ 之内。在 $PMQN$ 之中,效率改进的路径可以沿直线 $PQ(X = Y)$ 前行,即过程中始终保持各地区效率的均衡,但这只是小概率事件。在绝大多数情况下,总是那些条件有利的先富地区的资源配置效率 X 横向先行提高,落后地区的效率 Y 暂时不变或随后通过学习和市场跟进而逐步提高,政策设计上不能有人为地让 Y 值减小的不当安排。

显然,维持住多数地区的经济水平不变差,而让一部分地区和一部分人先富起来的政策效果,就是经典的帕累托改进;而通过各种先富带后富政策拉动后发地区发展,最终实现共同富裕,就是追求帕累托最优理想状态的过程。在经济社会全面发展过程中,应以东部地区的先行先试寻找到不同发展阶段的正方形 $PMQN$ 的一个个 Q 点的科学位置,分阶段有规划地探索 $PMQN$ 的移动边界,并以风险可控的效率差 $X - Y$ 带动各类市场主体积极推动社会资源流动、要素优化配置、企业改革发展。X 与 Y 效率差距大而可控,劳动力和资本等经济要素在地区之间的流动性强,先进地区因获得资源会加快发展起来。随着商品和要素市场的一体化扩大,后富地区的资源利用效率和后发优势随之会得到逐步提高,进而实现全国经济波浪式向前发展。

在改革发展过程中,东西部不均衡发展带来的社会稳定风险,需要国家及时稳妥解决。为此,一要始终保持改革的帕累托改进性质,实事求是,不搞"一刀切"政策,不让中西部地区民众在改革中减少既有利益。二要推进双循环互促,在实行对外开放的同时实行对内合作,通过制造业的梯度转移和东西合作,推动内循环加快发展,并让中西部地区民众特别是农民能够自由进入东部城市工作和创业,将西部经济中的分母因素转化为东部经济中的分子力量,直接参与和分享东部率先发展。三要加大中西部基础设施特别是新型基础设施建设,用数字化和城市化赋能中西部加快发展。四要通过在二次分配和三次分配中逐步加大财政转移支付力度、在对口帮扶中不断加大先富带后富力度,持续加大精准帮扶力度,奋力实现乡村振兴。五要大力推进"一带一路"建设,加快向西开放,通过要素流动推动互联互通,使西部成为经济社会建设发展和国际合作新高地。

在此之后,我国经济的发展需逐渐转向在发达国家和后发国家的先富与后富互动过程中寻求新的动力,既在扩大开放中继续缩小与先进国家的差距,也在推广改革经验中大力带动其他后发国家发展,进一步推进国内国际市场的双循环,有效促进"一带一路"倡议落地见效,加快共建人类命运共同体。

应该指出的是,先发先富是一个动态概念。不同时代、不同科技水平、不同市场形态、不同制度安排下,不同地区、不同人群先发先富的可能性和路径是不一样的。国家、地区、企业和个人,都需要深刻认识自我和环境,寻找和创造先发先富机会,科学利用自身优势,扬长避短、提高效率、创建富裕、健康发展。比如,贵州省在天气凉爽的气候环境下大力发展大数据产业,就是一个落后地区抓住时代进步、争取率先发展的经典案例。

需要明确的是,推进帕累托改进,重在发挥市场机制作用;而追求帕累托最优,需要更好发挥政府作用。帕累托改进具有市场主体自发性,只要坚持深化改革开放,充分发挥市场配置资源的决定性作用,各种帕累托改进就会自发展开。而先富带后富走向共同富裕的过程不会全面同步自发实现,需要强有力的政府调节。国家在各类基础设施和公共服务提供上要加大对后发地区的资金支持力度,在社会舆论价值标准上应鼓励倡导各种带富行善行为,在结对帮扶政策上要明确共富建设中双方的责任与义务。

先富带后富既是地区之间的问题,也是阶层与阶层及人与人之间的问题。从全社会综合看,国家既要强化税收调节,加大地区间转移支付,又要保护合法收入,调节过高收入,取缔非法收入,逐步提高最低工资标准和扶贫济困标准,有效控制贫富差异,不断提高贫困群体生活水平,更好实现共同富裕。

综上所述,我们要在改革发展过程中科学划定不同阶段帕累托改进行为的边界,明确限制有害于经济社会整体利益的各种行为,大力鼓励各类市场主体开拓创新,不断提高企业经营效率和效益。与此同时,要充分发挥好有为政府的作用,实事求是地明确提出可实现的阶段性奋斗目标,作为一个个规划计划的帕累托最优目标 C',引领经济社会持续发展;及时采取各种措施,不断缩小社会贫富差距,严防出现两极分化,推进国家更充分、更均衡的发展。

事实证明,在中国共产党领导下,中国根据国内外实际情况,不断优化国民经济和社会发展五年规划和中长期远景目标,成功引领世界上人口最多的大国经济不断增长,一步步进入了风景这边独好的发展状态。而那些实行多党轮流执政的国家,由于没有一个能代表全国人民长期共同利益的执政党,每次 C' 的提出总是只能代表一部分人的利益,因而既不符合和差与积原理的要求,也不具备持续推动帕累托改进和实现帕累托最优的条件,几年一次的执政党更替更是常常导致 C' 的颠覆性变化,从而大大影响国家经济社会发展的科学性和稳定性。

第五章　社会财富使用效率定律

　　社会财富的使用,事关社会公平和经济可持续发展,涉及人民群众近期利益和长远利益的平衡兼顾,其分配和使用需要妥善处理。但是,作为政治经济学研究中的重点,财富的积累和消费之间到底是什么关系,社会财富使用中的积累率到底根据什么来确定等问题,至今并没有统一的答案。本章化繁为简,尝试应用和差与积原理,从社会财富使用效率角度对这一问题作出分析。

第一节　社会财富使用效率定律及其要义

一、社会财富的使用效率公式是 $S=XY$

　　社会财富的使用可以划分为两个方面:一是积累;二是消费。社会财富的使用效率,主要取决于积累和消费两个过程的效率。有效的积累可以扩大生产规模,有效的消费可以调动生产者的积极性。提高社会财富的使用效率,既要留足用好积累,又要做好提取积累之后的财富分配与消费。因此,若分别以 S、X、Y 表示社会财富的总体使用效率、积累的使用效率和消费的使用效率,那么,根据总体效率为过程分步效率之积的道理,可以得到三者之间的函数关系为 $S = XY$,其中,$0 < X < 1, 0 < Y < 1$。那些阶段性的积累使用效率或消费使用效率为负的情况属于特殊情况,非经济生活常态,可另行专题讨论。

二、积累和消费的使用效率存在 $X+Y=1$ 的关联

积累和消费的使用效率取决于其使用规模和使用质量。通常,在规模上,积累和消费的使用数量之和是上一年度的社会财富总量,是一确定数值,可视为 1 个单位的社会财富,即有 $X + Y = 1$ 的数量关系。$X + Y = 1$,说明积累和消费规模在数量上紧密关联,此消彼长,呈现明显的负相关性。用于积累的财富多了,可用于消费的财富就会变少。过于追求提高当期消费水平,就会造成投资不足而影响未来发展后劲。积累的使用质量主要表现为积累用于投资的效率,消费的使用质量主要表现为生产者积极性的高低程度。从长期看,二者之间虽也有一些间接的关联,但这些质量关联远不像其数量规模之间那样紧密和清晰。从短期看,在一个季度或一个财年之中,社会投资效率和生产者积极性在政策保持不变的情况下可视为基本不变。于是,相对于使用数量之间的紧密关联,积累和消费二者之间的质量关联可在年度财富分配与使用中暂不考虑。因此,在短时期内的社会财富使用中,积累使用效率和消费使用效率的关系主要是二者数量规模之间的关系,即 $X + Y = 1$。

三、从和差与积原理导出的社会财富使用效率定律

和差与积原理指出,在 $X > 0, Y > 0$,且 $X + Y = C$,C 为定值时,$S = XY$ 将在 X 与 Y 相互背离时不断缩小,而在 X 与 Y 相互趋近时不

断增大,并在 $X = Y$ 时有最大值 $S_M = \dfrac{C^2}{4}$。

从上述分析得知,社会财富使用效率 S 与积累使用效率 X 、消费使用效率 Y 之间通常存在以下数量关系:

$$S = XY, 0 < X < 1, 0 < Y < 1, X + Y = 1 \qquad (5.1)$$

这表明, S 、 X 、 Y 三者之间的关系符合和差与积原理的函数形式和条件。因此,社会财富使用效率 S 的提高路径和最大化条件也应遵循和差与积原理。于是,可由和差与积原理直接导出下述社会财富使用效率定律:

社会财富使用效率将在积累使用效率与消费使用效率两者相互背离时不断降低,而在两者相互趋近的过程中不断提高,并在两者相等时达到最高。

社会财富使用效率定律包含很多重要含义,最重要的有以下两点。

一是积累与消费对社会财富使用成效的作用和影响是对称的、平衡的、等量齐观的、可以互换的,应当同等看重,不宜有所偏颇。这个结论是从公式 $S = XY$ 及 $X + Y = 1$ 中 X 与 Y 的对称性和 X 、 Y 的定义域一致等方面作出的断定。此消彼长,合而为一,积累和消费始终是相互影响相互作用的,二者之间并不存在积累决定消费或消费决定积累的单方面作用机制。从中长期经济发展上看,制订社会财富使用计划或发展规划时,须始终注重使积累和消费的使用效率趋向更加均衡,而不应局限于工业起步期的思维习惯,总是先主观确定积累率的高低。

二是可以从积累和消费的使用效率上来反观和测度上一年度产

出之社会财富总体使用效率的高低。2021年的投资效率高、重点项目建设成就多,生产者积极性高、民生问题解决好,说明2020年及前期的社会财富切割分配较好,资源使用效率较高。因此,国家或地区某年度经济计划制订中可以尝试采取下述方法:以预算年度的积累使用效率和消费使用效率两方面指标要比上年度更加均衡为出发点,作为预算年度产出的社会财富切分的基本依据,再针对某年积累和消费的特殊情况适当做些调整,即可得到某年的社会财富分配计划的总体安排。国家或地区五年发展规划中的积累与消费关系,更值得考虑做类似的安排。比如,现在要设置"十四五"规划的积累与消费指标,我们就可以以"十三五"时期的相关数据为基础,按照"十四五"期间的积累和消费使用效率要更加均衡的原则要求,加上"十四五"时期需要考虑的特殊因素,测算出"十四五"应有的积累与消费安排。由于这种安排坚持了积累与消费效率更加均衡的基本原则,其执行结果将有利于促进社会财富使用的有效性每隔一个规划期就有一个新的提高。

第二节 处理好积累与消费的关系

一、对称切分,相机调整

社会财富的使用要恰当切分为积累与消费。从和差与积原理上讲,对一个国家的每个年度来说,社会财富都应按积累和消费使用效率比上一年更加均衡来加以安排。然而,时间是继起的,世界是关联的,在现实中,积累和消费在时间和空间上是紧密关联的,不能只考虑一时一地的情况。计划服从规划,规划服务战略,战略则须要适应国内国际环境。受外部因素的影响,一个国家或地区社会财富的年度实际分配使用会出现时间上和空间上的偏移。时间偏移是社会财富分配在年度之间的移动或调节,比如扩大储备或投资。空间偏移是社会财富在区域或国别间的移动或调节,比如国际合作或转移支付。在我国,社会财富分配发生时间偏移的一个典型例子是:在工业化发展初期,为了加快推进工业化,国家要加大积累的力度,以将更多的资金投资于工业项目建设;在城市化快速发展时期,为了服务业又快又好地发展,国家要增加民众的收入,增加消费者购买力,以扩大服务业市场规模。其他国家的发展也是这样,工业化发展过程中要加大积累,促进形成更多资本;服务业引领发展时要更加注重刺激消费,不断提高社会消费水平。社会财富发生空间偏移的典型案例是,当改革发展成为当务之急时,国家及时支持经济特区建设发展,鼓励一部分地区一部分人先行发展和富裕起来;当工业化即将完成,全面小康业已实现,社会主要矛盾发生变化,人民日益增长的美好生活需要和不平衡不充分的发展之间的矛盾成为社会主要矛盾时,国家就及时调整区域发展战略,打赢全面脱贫攻坚战,全面推进乡村振兴战略,加大财政转移支付力度和对口扶贫力度,既提高贫困人群生活水平,降低社会两极分化,又不断开拓经济社会发展的市场空间,促进内需带动发展。因此,在现实经济生活中,年度社会财富使用分配要结合国家改革发展稳定的需要实事求是地安排,而不能机械地制定积累和消费的比例要求。但是,积累和消费的总体均衡是经济发展的客观规律,并且始终伴随经济发展全过程。从短期看,年度社会财富安排,要从积累和消费均衡出发,结合各种需求做适当调整。

既不能处处僵化无为,也不能总是寅吃卯粮。从长计议,则应以积累和消费效率均衡逐步增强为原则,科学规划,稳抓稳打,稳中求进,充分利用好各种社会资源,调动起人民群众的积极性,实现又好又快的高质量可持续发展。

二、做大"蛋糕",始终重要

社会财富使用中积累和消费的数量关系是 $X + Y = 1$。这里的1,是以上一年度社会财富这个已经明确了的财富量作为单位1,代表上一年全部社会财富这一整块"蛋糕"。显然,不同年度,不同国家和区域,"1"所内含的财富量是大不相同的。在不同时期,同一个国家,同样的经济发展增速,"1"所包含的财富量及其增量也是各不相同的。考察一个国家的财富,既要看发展增速,更要看单位1即财富"蛋糕"本身的大小。财富"蛋糕"既代表当期财富,更代表未来发展基础。因此,各国都需要有一个清醒的单位1意识。在我国实现全面小康、社会主要矛盾发生变化、人们对社会公平有着更多期许的新时期,仍需处理好做大"蛋糕"和分好"蛋糕"的辩证关系,深刻认识到和平发展环境的重要性,继续强调发展才是硬道理。我们仍应保持一定的做大财富"蛋糕"的速度,加快经济高质量发展,努力争取每年产出的单位1财富价值高于上一年的比例领先于各发达国家和金砖国家,使我国的社会财富总量能实现若干年再翻一番,为进入社会主义现代化国家打下坚实的基础,并对世界经济作出更大贡献。

三、提高质量,更好发展

发展速度有快有慢,发展质量有高有低。在基本解决产品和服务从无到有问题之后,需要着力解决产品和服务从有到好的问题,使人民生活不但过得去,而且过得好。要以求好为发展动力,为求好加大积累和投入,在求好过程中提升消费水平,实现高质量发展。

好的产品和服务离不开创新驱动。科技飞速发展,消费日新月异,社会财富构成中新产品新服务的比重不断提升。这就要求财富分配中要适度保持和加大积累,增强创新投资的力度。国家、企业和个人都要扩大和优化创新方面的资源配置。

好的产品和服务离不开市场拉动。市场是实现消费的平台和网络,市场的流转能力决定着产品和服务的资本循环效率。市场网络的有效性,是产品和服务实现消费交易的保障。因此,要切实打通国内外市场网络节点,推进线上线下互联互通,促进市场主体之间诚信高效的多对多自主交易,不断降低市场交易成本,有效推动国内大循环建设和国际国内双循环互动,切实提高防范各类市场风险的能力。

好的产品和服务离不开有为政府的推动。政府的运行效率是市场和企业运行效率的基础和保障。科技创新、管理创新、商业模式创新都要建立在制度创新的基础之上,而制度的改革优化离不开政府的积极作为。市场的高效运行离不开能源、交通、通信、大数据等新老基础设施的保障,而基础设施建设离不开政府规划的推动。因此,社会财富的切分,要考虑政府的近期和长远支出需要。中国的实践证明,经济大国长周期、高速度、高质量的发展,必须充分发挥市场配置资源的决定性作用,同时又要更好发挥政府的作用。

第三节　政府和社会资本合作中
积累与消费的互动

PPP，即政府和社会资本合作，是 Public-Private Partnership 的英文首字母缩写，是一种新型公共基础设施建设运营模式。特指在公共基础设施建设与服务领域，政府采取竞争性方式选择具有建设投资、运营管理能力的社会资本持有人，双方按照平等协商原则订立合同，由社会资本方提供公共基础设施建设与运营服务，政府依据公共服务绩效评价结果向社会资本方支付对价，并在一定时期后收回这些基础设施这样一种建设运营合作模式。

为社会生产生活提供公共基础设施与服务，是政府的重要职能。履行好这一职能，需要政府及时建设、有效管理、规范运营好各类公共基础设施。但其前提是，政府要积累足够的项目建设资金来满足公众服务需求。

过去，公共基础设施建设与服务的投入完全来自政府，政府用财政积累的资金来建设和运营基础设施，有多少钱办多少事。其结果遇到三个较大的问题：一是基础设施投入少、建设慢，人民群众对基础设施的需求长时间得不到满足，抑制了社会消费；二是基础设施的建设过程未能市场化，项目管理行政化，管理效率相对低下；三是基础设施运营服务没有专业化，缺乏企业产权的激励约束，效率相对较低，成本相对较高，需要花费较多财政补贴。

其实，从市场角度分析，多数公共基础设施建设与服务项目，具有经营期长、市场稳定、现金流好、收益有保障等显著特点，只是收益水平因涉及公众利益而需受到调控,整体上看是社会上各类长期资本希望投入的好项目。因此,如能将项目设施未来几十年的服务收益与其建设运营所需的资本投入紧密挂起钩来,使项目企业化、投入资本化、管理市场化、运营专业化,让政府和企业各自发挥其长处、规避其短处,传统基础设施建设过程中面临的上述三个问题就可以得到有效解决。也就是说,国家基础设施的建设与运营可以不只是依靠政府财政积累,而是可以同步吸引社会长期投资资本参与合作;社会大众对基础设施的消费也不一定要等到政府积累到位时才能开始去建设和运营。通过政府与社会资本的协同合作而不是各自单干,国家有限的财政积累就可以更早地为人民群众提供更多的公共服务。努力让积累和消费更好地协同互动起来,不断提高社会财富总体使用效率,正是和差与积原理及社会财富使用效率定律告诉我们的道理。

事实上,20世纪80年代,加拿大、英国、澳大利亚等国家率先在基础设施项目建设中引入建设—经营—转让(Build-Operate-Transfer,BOT)、私人融资启动(Private-Finance-Initiative,PFI)等模式。1995年起,我国开始在对外招商引资项目中开始试行BOT融资。2004年后,发改委、住建部、交通部、环保部、国资委等部门纷纷参与试点推进PPP项目建设。经过反复探索,到2014年,我国开始大规模规范化地在基础设施建设项目中广泛使用PPP模式,现已形成项目过万、融资过十万亿元的巨大规模,成为世界上PPP投资最多的国家。

相对于民众日益增长的各类公共需求,国家财政积累总是会显得不足。中国的积累率是40%,仍处在建设服务费用吃紧状态;美国积累率仅为 1%,当然更是捉襟见肘。各国 PPP 发展的实践证明,为了满足民众公共服务消费的需要,政府不但要精细用好现时拥有的财政积累资源,大力盘活过去沉淀的公共资源,还应进一步解放思想,创造性组织动员好各类社会资本参与到公共基础设施的建设与服务中来。

可以肯定,PPP 是同步提高积累和消费效率的创新之举,能较好解决政府积累不够、社会消费不足、已有基础设施运营效率不高等一系列问题。通过政府与社会资本合作,让非公共部门所掌握的资源及时参与提供公共产品和服务,提前和扩大了社会基础设施的公共服务能力,更好地满足人民群众对美好生活的需要,是一种有为政府主动服务人民的创新模式。按照和差与积原理处理好积累和消费的关系,创造性地做好积累和消费的相互转换和彼此协同,中国应该进一步研究解决好项目长周期建设运营与短时期监管评价机制的矛盾、建设主体与运营主体的有效合作等问题,保持在 PPP 模式创新方面持续走在世界的前面。

第六章　从和差与积原理看复合
资本市场的发展

　　狭义的资本市场就是股票市场,广义的资本市场则由股票市场和产权市场复合构成。早前,我国有关文件对"多层次资本市场"的定义,通常都是特指各种板块层次的股票市场,并不包含产权市场。2015年,党中央、国务院发布22号文即《关于深化国有企业改革的指导意见》,明确强调证券市场和产权市场都是资本市场。由此,我国资本市场发展成为复合资本市场。证券市场服务上市公众公司,产权市场服务非上市非公众企业,各类企业都可获得复合资本市场服务。

　　股票市场是复合资本市场的头部市场,产权市场是复合资本市场的长尾市场。[①] 在头部市场上进行的是少数企业标准化股票的连续交易,交易量大,交易标的却很少。而在长尾市场上交易的是广大非上市企业的非标准化资产,交易标的众多,交易过程非连续。头部市场以少数产品的反复交易形成其市场规模,长尾市场则以其众多交易标的的一次性交易形成其市场规模。

---

　　① 安德森:《长尾理论》,中信出版社2016年版。

直到 20 世纪末,非标准化的资本市场一直是国际资本市场的无人区。21 世纪以来,信息技术特别是互联网为产权市场的发展提供了必要条件,大量企业国有产权集中进场交易为我国产权市场发展提供了充分条件。产权市场为非上市企业提供的资本形成和资本流转服务功能,既大力推进了国有企业的改革发展,又有效免除了国有产权交易中的腐败现象,并很好地缓解了上市公司和非上市公司的市场融资差异,从而缩小了社会金融资本向市场主体配置时的两极分化。中国创建的由股票市场和产权市场共同组成的复合资本市场,在资本市场的无人区开创出了能同时服务于所有企业的资本运作的一条崭新道路。

第一节　我国复合资本市场的建立与发展

资本市场是为了适应企业资本形成、资本运营和资本流转的需要而产生的。资本市场按功能通常分为两级:一级市场发行股份服务资本形成;二级市场上市流转服务股份买卖和资产并购。

每个企业都有获得资本市场服务的强烈需求。由于股票交易涉及广大公众直接参与,因此需要对上市公司的信息披露和交易双方的行为规范实行严格监管,以严防"暗箱操作"等投机行为引发社会的区域性、系统性风险,从而导致股票市场的门槛很高。在产权市场产生前,始终只有万分之一左右的企业有机会进入股票市场成为上市公众公司,其他的非公众公司则很难得到资本市场服务。股市集中了社会公众的资本却只能为行业塔尖企业服务,再经过"马太效应"长时间的反复放大,股票市场在推动极少数企业快速发展的同时,造成了企业和社会的两极分化。① 从社会公平正义角度看,这种失衡的资源配置方式需要加以改变。

在互联网发展起来之前,非标准、非连续的企业产权交易,因不能在大范围内及时披露交易信息,交易效率低、交易成本高,难以发现买主,不便发现价格,不具备有效运行的市场条件。随着信息技术的发展,泛在的移动互联网使产权交易信息的传播速度大为加快,交易信息披露成本变得极低,大范围远程交易竞争得以随时展开,非上市企业的产权在产权交易市场上可以有效地发现买主、发现价格,既可以很快融资形成资本增资扩股,又可以有效并购流转完成产权转让。可以说,没有信息技术的进步就没有产权市场的发展,互联网是产权市场发展的必要条件。与此同步,中国国有企业改革并带动中小企业发展,为产权市场发展提供了持续不断的非上市企业产股权交易标的,促进产权市场快速做大,逐步发展成为既分布各地②又相互结合的专门为非上市企业提供资本运作服务的资本市场。因此,大量企业国有产权集中进场交易是中国产权交易市场发展的充分条件。

如此一来,我国分两步走建立起了由股票市场和产权市场共同组成的复合资本市场(见图6-1)。第一步,以股票市场作为头部市场,集中为上市的行业塔尖企业提供资本运作服务,引领带动各行各业向前发展;第二步,以产权市场作为长尾市场,为广大非上市企业提供资本运作服务,促进国有企业和中小企业发展进步。大小企业

---

① 邓志雄:《2008 年世界经济危机的企业制度成因分析》,《新华文摘》2009 年第 23 期。

② 产权市场是平台型市场,市场节点间既有"多对一"联系,又有"多对多"关联。到2005 年年底,各省(自治区、直辖市)国资委共选择确认了 66 家产权交易机构从事本地企业国有产权交易,它们又共同形成了关联互动的中国产权市场网络平台。

都能得到资本市场服务,促进了企业发展的均衡。复合资本市场短期内能同时支持各类企业的发展需要,在中长期则将有利于改善社会的两极分化,促进社会的公平与和谐。

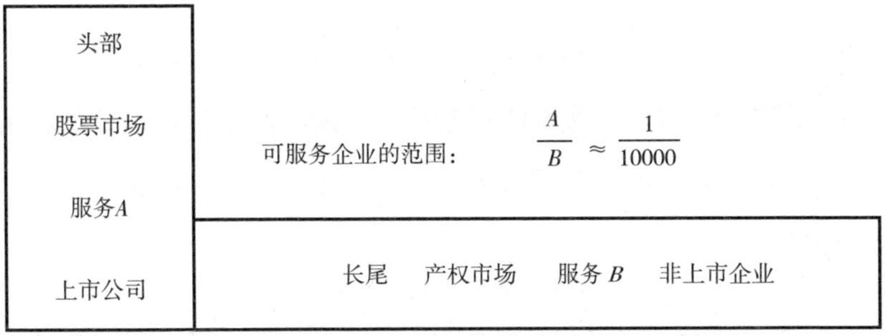

图6-1　由头部市场和长尾市场构成的复合资本市场

资料来源:由王宇飞作图,笔者整理。

第二节　复合资本市场的资源配置效率定律

由于股市只能服务于万分之一的企业,单一股票市场的社会资源配置效率是非常有限的。2018 年,全球股市首次公开募股(Initial Public Offering,IPO)融资额仅为私募股权投资(Private Equity,PE)机构可用投资额的$\frac{1}{8}$。深刻认识复合资本市场的运营规律,充分发挥产权市场的资源配置潜力,推动股票市场与产权市场效率趋向均衡,共同为各类企业提供全方位的资本要素配置服务,并在加大企业资本运作的同时防止社会腐败和两极分化,是我国复合资本市场建设的重要任务。

一、复合资本市场资源配置效率公式

设复合资本市场资源配置的总体效率为 S , 为上市公司服务的股票市场的资源配置效率为 X , 为非上市公司服务的产权市场的资源配置效率为 Y , 那么, 根据过程中总体效率是各步效率之积的道理, 在此得到: $S = XY$, 即复合资本市场的资源配置效率是股票市场和产权市场资源配置效率的乘积, 三者之间的函数关系符合和差与积原理函数形式。

二、复合资本市场资源配置效率满足和差与积原理要求的条件

尽管资本市场上的价格起起落落但其规则与制度轻易不变; 股票市场和产权市场的资源配置效率有所差别但都为正值, 即 $X > 0$, $Y > 0$ 。当资本市场交易制度稳定下来后, 在一定时点上或时期中, 比如一个季度、一个年度之内, 股票市场和产权市场的资源配置效率 X 和 Y 的变化可以忽略不计, 故其和亦可视为定值保持不变, 即 $X + Y = C, C$ 为定值。因此, 在一定的经济常态之下, 复合资本市场的资源配置效率函数满足和差与积原理的函数形式和条件:

$$S = XY , X > 0, Y > 0, X + Y = C, C \text{ 为定值} \tag{6.1}$$

三、复合资本市场资源配置效率定律

由于复合资本市场效率函数符合和差与积原理的函数形式和条件, 其变动规律和最大化条件也应符合和差与积原理。因此, 根据和差与积原理, 可直接导出下述复合资本市场效率定律:

复合资本市场总体资源配置效率将在股票市场与产权市场的资源配置效率差距扩大时下降,而在二者的差距缩小中提升,并在二者相等时实现效率最高。

这条资本市场资源配置效率定律指明,只重视股票市场不重视产权市场,或者只重视产权市场不重视股票市场,都会导致复合资本市场总体效率的下降。只有既发挥好股票市场的头部市场作用,同时又发挥好产权市场的长尾市场作用,才能不断提高复合资本市场的总体资源配置效率;只有当股票市场和产权市场资源配置效率相等的时候,复合资本市场的总体效率才能最大化。因此,各国的资本市场都应该复合发展,既保持传统,利用股市为上市公司服好务;又加快创新,大力建设发展产权市场,使广大非上市企业特别是创新创业创造的小微企业也能及时获得资本市场服务,促进经济社会和谐公平的健康发展。

西方国家以私人产权为主。早在互联网技术普及之前,其国有企业多数已被私有化,这使产权市场发展既缺乏必要条件又缺乏充分条件,因此普遍形成了股市发达而产权市场空白的局面,使产权市场成为资本市场的无人区。资本要素的畸形配置,使西方国家的大企业大资本可以到处称雄而中小企业发展非常困难,加速了社会的两极分化。在中国,随着股票市场的发展和国企反腐败斗争的推进,互联网的大规模应用和国有产权大规模进场交易推动了产权市场发展,产权市场和股票市场共同为各类企业及时提供资本形成、运营和流转服务,从而有效推动了经济的持续快速健康发展,并保持了社会的总体稳定与和谐。

第三节　对复合资本市场发展的几个推断

根据和差与积原理,对复合资本市场的下一阶段发展作出以下几点预判。

一、中国的产权交易市场将得到更大发展

相对于产权市场,股票市场是国家垄断市场,独拥标准化产品连续交易资格,具有法律、地位、政策、人才、资金、媒体、券商、中介等多方面优势,因而在单项融资能力与股权流转效率上高于产权市场。按照 $S = XY$ 在 $X = Y$ 时 S 最大的原理,要在 $X > Y$ 的现实情况下总体提升我国复合资本市场的资源配置效率 S, 首先就应大力提高产权市场的资源配置效率 Y, 并努力使 $Y = X$。 也就是说,中国的产权市场有着比股市更大的效率提升空间和必要性。在产权市场上较少的资源投入,能带来比股市更大的效益,并同时促进产权市场和股票市场的良性互动。这既是和差与积原理的逻辑推论,也是产权市场发展的现实证明。国家和地方政府应该顺应和差与积原理的规律性要求,大力推进产权市场的发展,而不应只顾盯着股市配置资源。在这方面,笔者认为,下一阶段提升产权市场资源配置效率的主要措施大致包括:建立全国统一的产权交易法律制度,提高产权交易的法治水平;坚持各类国有产权进场交易原则,带动私人资本进场运作;完善融资功能,增强产权市场服务于中小企业创新融资和并购流转能力,促进混合所有制企业更快发展;利用互联网、物联网建立完善的产权市场网络,大力促进产权市场跨区域联合与协作;讲好产权市场故

事,在全社会普及产权市场资源配置功能知识宣传教育,等等。比如,将各个产权市场的成功案例制作成抖音短视频加以广泛传播,就是一个成本低而影响大的好方法。

二、产权市场将逐步在世界各国建设发展起来

中国的产权市场历经三十多年探索发展,已经积累了成体系的市场建设经验,对众多发展中国家具有实用的借鉴意义。

中国的产权市场建设发端于 1988 年的武汉企业兼并市场。经历 20 世纪 90 年代的生死锤炼①,非标准化非连续交易的市场边界得以明确。2002 年,中纪委发文,要求在土地批租、政府采购、工程项目招投标和企业国有产权交易过程中建立阳光化、市场化的反腐防腐机制。2003 年年底,国资委与财政部发布《企业国有产权转让管理暂行办法》,建立起全国性的企业国有产权进场交易制度。2008 年出台的《企业国有资产法》将企业国有产权进场交易写进国家法律。2012 年,国资委发文要求企业国有资产交易进场交易。2016 年,国资委与财政部联合发布《企业国有资产交易管理办法》,规定了增资扩股行为也要进场挂牌交易。至此,产权市场具备了作为资本市场完整的两级市场功能。在这个过程中,产权市场用大量实践有效推进了企业国有产权与市场运行机制的有机结合,实现了企业国有产权的市场化形成与流转,在资本市场的无人区开拓出了一条崭新的道路,既建立了国有资产运行中的阳光化反腐防腐机制,又开创了市场化配置国有资本要素的方式方法,以市场实践强有力地证

---

① 因个别交易机构未经批准擅自开展拆细连续交易引发风险,全国产权市场先后三次经历清理整顿。

明了社会主义市场经济体制的切实可行,具有将社会主义和市场经济有机结合起来的重大理论和实践意义。

2004年9月,透明国际组织腐败指数总负责人约翰·兰斯多夫在考察中国产权市场后留言感叹:"我们深刻感受到你们在所献身的反腐败斗争中所取得的成就。政府采购和国有产权转让,在全世界都是滋生腐败的土壤。但在这里,你们用复杂而成熟的技术、透明的程序和明确的指导,把这项工作组织得很好。我们钦佩你们如此迅速地在反腐败斗争中进行了最好的实践,相信其他国家可以从你们的经验中学到很多。"

2010年,联合国大会通过64-222号决议《联合国南南合作高级别会议内罗毕成果文件》,将其与上海产权交易所联合设立的南南全球技术产权交易所(以下简称SS-GATE)作为联合国开展和推动南南合作工作的三大工作平台之一,要求重点发挥促进发展中国家中小企业融资的非标准化资本市场的作用,以"技术+资金+反腐"的新模式扶持发展中国家经济增长,推动南南、南北国家之间技术转移与经济合作。目前已在四十多个国家建立了五十多个工作站,覆盖了亚、欧、非、美和大洋洲的主要经济体,成为推动南南合作、南北合作的网络化技术产权交易平台。

2011年,中纪委领导在对产权交易市场进行调研后作出肯定:通过实行企业国有产权进场交易,有效控制了国有资产交易过程中的腐败,预防了国有资产流失,实现了卖方公开规范的"卖"、买方公平合法的"买"和相关方公正高效的"办"。复制企业国有产权进场交易经验,中纪委又组织推动了各类公共资源公开进场竞争交易的全面展开。2017年,深圳等地将企业国有产权交易平台升级为统一交易各类公共资源要素的交易集团,实现了"平台之外无交易"。

2018年起,国家发改委正式将向外介绍中国产权交易市场纳入智力援外项目,每年组织专家为古巴、菲律宾、越南、白俄罗斯、埃塞俄比亚、毛利塔利亚、多哥等国家举办产权市场培训班。产权市场的"中国智慧"正在向众多发展中国家传播。2019年,中华(澳门)金融资产交易股份有限公司(MOX)成立。其发展目标就是利用澳门特别行政区优势,打造一个新型国际化资产交易综合平台。近期,该所在为内地企业发债融资业务的基础上,已获得国务院国资委认可,探索开展中央企业境外资产进入该所竞争交易的新业务。从此,中央企业境外资产运作有了专业化的境外市场交易平台。

可以预计,随着"一带一路"倡议的加快落地,在建设人类命运共同体的过程中,产权市场将会进一步加快国际化步伐,帮助沿线国家和地区解决资本市场缺失、发展资本不足、社会腐败严重、资源配置效率低下、社会两极分化严重等问题,成为促进各国共同发展的重要市场平台。

三、综合利用复合资本市场将成为企业资本运作的新模式

股票市场只能为企业资本运作提供阶段性服务,而产权市场可以为企业资本运作提供全流程服务(见图6-2)。

产品、技术、项目和企业的发展,通常要历经诱导期、成长期、成熟期和衰退期。利用股票市场进行资本运作通常只能在企业的成长期或成熟期进行,而不便在诱导期或衰退期展开。那些发展进入成长期,原有股东资本满足不了企业发展需要,如不及时扩大生产规

模、更多占有市场,就会很快被竞争者超越的企业,应争取通过上市募集资本,加快发展,巩固市场领先地位,获取投资脱售流动性。成长期上市的企业主要由企业竞争发展所驱动。而那些选择在成熟期上市的企业主要为企业股东投资变现及再投资所拉动。

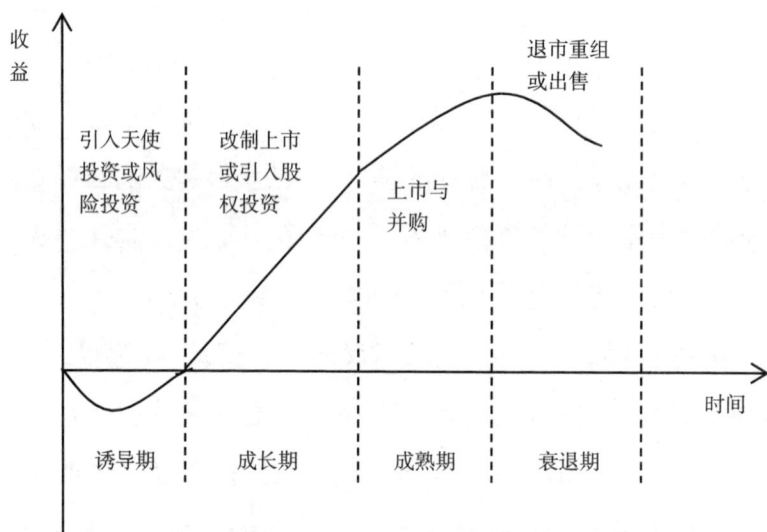

图 6-2　企业全生命周期不同阶段的资本运作

资料来源:由笔者整理。

产权市场可为企业发展的各个阶段提供资本市场服务。在诱导期,产权市场可以为企业披露融资信息,寻求天使和创新资本支持,做好产权登记与托管,见证资本形成和企业成长。在成长期,产权市场可以引入私募股权投资,一轮又一轮地为企业提供增资扩股服务,不断壮大企业资本力量,满足企业发展的需求。在成熟期,产权市场可以快速实施产权转让和并购重组,不断优化企业资源配置,推进资产保值增值。对进入衰退期企业,产权市场既可帮助企业及时流转产权,也可帮助企业有效实施重组,通过资产变现筹集退出成本,做好职工安置等事项;通过引入民间资本和员工持股,更新企业机制,激发企业发展活力,提高企业经营效率。产权市场的规模越大,信息披露能力越强,会员中介推广能力越好,交易机构之间的协同越深,产权市场为企业资本形成、运营、流转服务的效率就越高,功能就越强大。

由此可见,企业出资人机构需要把握好股票市场和产权市场的不同优势,指导所属企业在发展过程中灵活运用两个市场,坚持两条腿走路,使企业在各个发展阶段都能及时获得恰当的资本市场服务,促进企业平稳健康发展。

大型企业集团如何遵循和差与积原理开展资本运作呢? 实践证明,这方面可操作空间巨大。"利用产权市场全程操作,利用证券市场重点突破"是大型企业集团用好、用活复合资本市场的基本经验。大型企业集团应将不同发展阶段的资产区别对待:将进入成长期和成熟期的项目资产分类推向股票市场和产权市场,将诱导期和衰退期的项目资产及时推进产权市场融资、重组或变现,将企业发展各阶段资源配置与资本市场全面结合起来加以有效运作。在这方面,中央企业集团同时利用股票市场和产权市场进行资本运作,已经探索形成卓有成效的"三主体孵化注资模式",即集团公司、集团控股的上市公司、集团参与的私募股权投资基金三方,既通过产权市场孵化基金项目,又通过股票市场不断扩张上市公司,三方协同互动,持续做好资本运作(见图6-3)。

第一,集团公司通过产权市场为旗下非上市企业引入私募股权投资基金[①],将其改造成为由私募股权投资基金管理运营的有限合

---

① 私募股权投资基金的简称。私募股权投资基金管理公司、私募股权投资基金及其受资企业构成私募股权投资基金体系。

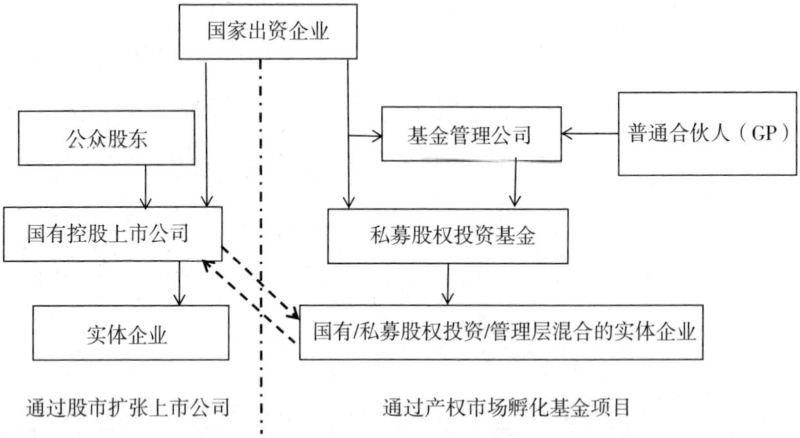

图6-3　大型企业综合利用复合资本市场的三主体孵化注资模式
资料来源:由笔者整理。

伙企业,建立私募股权投资基金体系的市场化运营新机制。第二,建立上市公司和私募股权投资基金体系的合作关系。双方订立协议,由上市公司将未来三至五年中需要而其自身目前不便运作的资产或项目委托给私募股权投资基金体系实施优化,并公开承诺到时对达到协议要求的项目资产进行收购。第三,培育提升。非上市企业利用集团和基金的资本、人才、资源与管理机制,将相关项目资产按照上述协议要求进行改造,提质增效,使其产权清晰、权属完善、管理科学、收益提升,按期在各个方面达到上市公司收购要求。第四,产权转让。由集团公司将非上市企业产权以协议价格为基准推进产权市场公开挂牌转让。若市场竞价结果因引发竞争显著高于基准价,上市公司可有选择性购买,集团公司和私募股权投资基金可通过转让实现高价退出;如产权市场无人参与竞价,则上市公司将按挂牌价收购。这样的三主体互动模式可以一轮一轮地持续循环推进,使集团公司下属非上市资产逐步改制孵化上市,所控股上市公司则因不断开展的资产并购获得持续发展,整个集团的科技创新能力和资产价值也因持续不断的市场化操作而逐渐提升。总之,该模式综合利用复合资本市场,嫁接了国有企业、有限合伙、有限责任公司三种企业制度,融合了国有资本、私人资本、机构资本三类资本,创新和提升了企业资本运作水平,帮助企业同时解决了资本、人才和机制问题,有力推进了企业改革发展。

当然,在拥有运作经验之后,"三主体孵化注资模式"中的下面两个主体是否一定是集团所属或控股企业,则可另当别论。过去没有产权市场,不是非上市企业无钱改造,就是上市公司总是临时才去高价并购,市场配置资源的作用发挥得不够充分。针对这一问题,我国曾经大力探索过的企业整体上市模式,也因上市公司整体资产质量降低、上市后公司缺乏成长故事、大股东没有后续发展支持能力和抗风险能力、小股东难以转变大国企机制等原因而未能大范围应用和推广。国有企业改革发展的实践证明,通过综合运用股票市场和产权市场,高效运用"三主体孵化注资模式",可以很好地解决上述问题,促进企业持续健康快速发展。经过总结推广和再实践,相信会有更多企业学会这种综合利用复合资本市场开展孵化注资滚动发展的资本运作新模式。

第四节　关于产权市场发展战略的认识与建议

企业和居民的资本运作需要发展好复合资本市场。在创新驱动发展的新时代,为进一步提高资源配置效率,根据和差与积原理,复合资本市场的建设发展中需要长尾产权市场优先更快发展。为此,需要进一步明确产权市场发展战略,加快产权市场体系建设。总结产权市场发展的经验教训,笔者认为,现阶段产权市场的发展战略可以总体概括为"五化战略",即阳光化、市场化、平台化、数字化、现代化。

阳光化是产权市场的初心所在。产权市场始终要不忘初心,把坚持为企业国有产权交易服务的法定功能摆在首位,公开、公平、公正、竞争交易全民所有的资产,用严格的交易制度、广泛的信息披露、细分的交易程序、全程不可逆电子交易系统来组织完成交易,坚决遏制和打击交易中的各种腐败行为,有效实现国有资产保值增值,推进公有资本和私有资本等交叉持股相互融合,为积极稳妥发展混合所有制经济提供规范高效的服务。实践证明,产权市场的阳光交易制度也完全适用于政府采购和其他公共资源的交易。坚持阳光化战略,就要进一步发挥好产权市场服务政府采购和公共资源交易的功能,在各类公有资源配置中充分发挥市场的决定性作用,同时更好发挥政府作用。

市场化是产权交易市场的使命所在。产权市场为非上市企业产权的市场化运作探索和开辟道路,对发展混合所有制经济、巩固基本经济制度、防止社会两极分化、推进社会主义市场经济体制建设发展具有重大意义。作为复合资本市场的一部分,产权市场要坚持长尾市场定位,坚持以非标准非连续交易方式为非上市企业资本运作服务,通过广泛的信息披露和周到的交易服务,充分挑起市场竞争,在竞争交易中发现买主、发现价格、促成交易、实现增值,推动企业的资本形成、优化和流转,提高企业的资源配置效率。

平台化是产权市场交易的先进性所在。互联网时代到来后,市场形态从离散化形态、中心化形态发展到平台化形态,使很多原来不能交易的东西变成了可以交易的对象,使冷清的长尾市场变得热火朝天。这相当于在和差与积原理中有效扩大了 C 值,从而导致了 S 值的 C^2 倍增长。如图 6-4 所示,不同于股票发行或增发的"一对一"交易互动机制,产权市场始终把促进交易双方"多对多"互动服务贯穿于交易全过程,使多个买方与多个卖方交叉互动、自主交易,并让多个交易中介竞争一个交易主体,甚至多个交易市场竞争一个交易项目,很好地实现了资本市场公开、公平、公正、竞争的功能要求,提高了市场配置资源的效率。下一步,要高度关注基于区块链技术的分布式市场形态的发展,使产权市场平台保持包容性、拓展性和先进性。

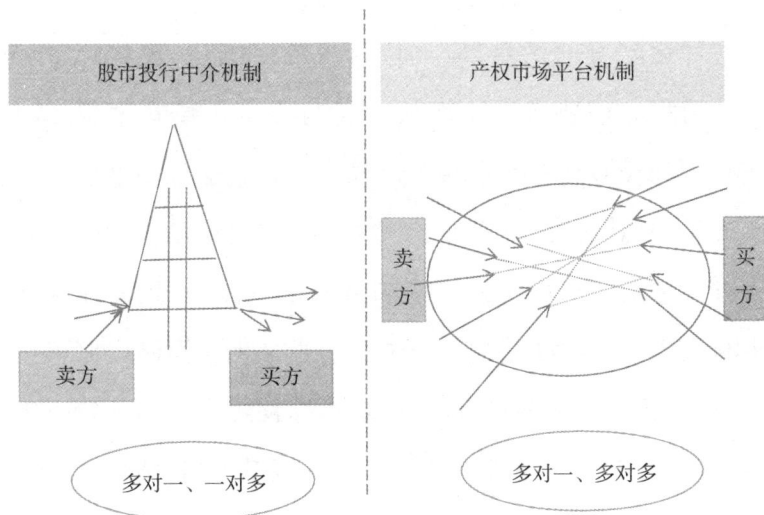

图6-4　产权市场先进的互联网平台交易机制

资料来源:由笔者整理。

数字化是产权市场的创新性所在。产权市场的数字化包括产权市场运行信息化和市场发展智慧化两个方面。泛在的移动互联网极大地扩大了交易市场半径，有效降低了交易成本，极大地提升了市场效率，增强了市场诚信。现在，产权市场打造的信息披露和推送系统、交易操作系统、交易竞价系统、交易监测系统、配套金融服务系统、外汇结算系统、投资人数据库和移动 APP 应用、抖音视频等信息系统，初步实现了便捷的移动信息服务、移动交易服务、移动支付服务和在线实时动态监测。未来，要在加快推进产权交易市场立法的同时，大力推进建立统一联动的中国产权市场智慧交易网络，运用互联网、物联网、大数据、区块链、云计算、人工智能等技术，进一步以数字化培育新动能、推动新发展，实现产权市场运用和监管的规模化、精细化、网络化、智慧化。

现代化是产权交易机构组织建设的必然性所在。资本市场作为社会资本优化配置的平台，应加快自身的市场化、现代化、国际化。按照和差与积原理要求缩小产权市场与股票市场在地位、规模、人才、影响等方面的差距，要求相关产权交易机构必须尽快转型成为更加积极有为、充满活力、富有吸引力和竞争力的市场主体。为此，要以混合所有制企业取代交易机构的事业单位体制，全面加强产权交易机构的现代企业制度建设，以股权为纽带推进各地产权市场加快整合，有效打破产权交易机构的区域分割，促进形成跨区统一的产权交易机构网络，加快推动有条件的产权交易机构改制上市，在"一带一路"沿线探索建立跨国经营的产权交易所，不断做强做优做大产权交易市场网络平台。

第七章　金融资本和实业资本的均衡配置

金融产业在服务实体产业过程中日益壮大,在与实体产业交互作用的同时,自身也更加地独立。美、英等国早已进入金融资本主义社会,日、德等国的金融资本力量也已经远超实体产业。最近十余年,中国金融资本总量快速增长,金融业利润已经超过实体产业的利润。产融之间这种剧烈的变化,客观要求从全球市场角度重新认识金融和实业的关系,重新思考金融资本和实业资本的均衡问题。本章试用和差与积原理解释两者之间的关联。

第一节　社会资本配置总体效率定律

按照一定的标准,一个国家或地区的社会总资本可以区分为实业资本和金融资本。因此,一国社会资本配置的过程,可以视为分两步完成。首先是社会资本在金融行业中配置,其次是社会资本在实体产业中配置。假设社会资本配置总体效率为 S,金融资本配置效率为 X,实业资本配置效率为 Y,那么,根据总体效率为过程中各分步效率之积的道理,就有:$S = XY$。这里,$0 < X < 1, 0 < Y < 1$。由于在一定的时点上,或在一定的时段内,X、Y 都是确定值,故 $X + Y =$

C，C 也是定数。因此,社会资本配置总体效率公式满足和差与积原理的函数形式与条件:

$$S = XY , 0<X<1, 0<Y<1, X + Y = C, C 为定值 \qquad (7.1)$$

于是,根据和差与积原理,可以直接导出下述社会资本配资总体效率定律:

社会资本配置总体效率 $S = XY$ 将在金融资本配置效率 X 与实业资本配置效率 Y 两者趋向背离时不断降低,而在两者趋向均衡时不断提高,并在 $X = Y$ 时实现最高。

这条社会资本配置总体效率定律含义很多,主要包括以下两个方面:一是各国社会资本的总体配置效率都存在确定的增值路径,那就是要尽可能地促进实业资本和金融资本配置效率的均衡,严防两方面效率的悖反。二是社会资本配置总体效率存在确定的最大值,它将在其金融资本和实业资本配置效率相等时出现。因此,国家的金融工作计划或金融发展规划的努力方向,要精准朝向不断提高金融资本与实业资本配置效率均衡度的目标。现实中,由于金融资本和实业资本循环方式不同,金融资本按短流程分环节服务取利,实业资本走长流程按产品产销流程求利,导致社会上金融资本的配置效率总体上高于实体产业。因此,各国都有调控金融资本配置效率并提升实业资本配置效率的必要。

第二节　金融资本和实业资本
循环方式的巨大差异

金融行业随着实体产业的发展而发展,但二者的资本循环方式完全不同。实业经营中的资本运动是按照从钱到物,再从物到钱的流程循环运动的。如图 7-1 所示,在实业资本运动中,首先是从 $G \rightarrow W$,即货币 G 变成机器、材料、工资等,经过投资建厂、招工培训、原料采购、生产组织等各个过程后得到产品 W;其次才是从 $W \rightarrow G'$,即通过市场销售,使产品变为商品并重新货币化,获得销售收入 G'。$G' - G$ 为循环过程中的资本增值,$\dfrac{(G' - G)}{G}$ 是资本的增值效率。马克思在《资本论》中指出,资本在 $G \rightarrow W \rightarrow G'$ 的运动过程中,$W \rightarrow G'$ 是 W 从产品变成商品的"惊险的一跳",蕴含着产品是否及时得到客户认可并足价付款的多方面风险。在这一过程中,产品通常要历经质检、入库、交易、出厂、运输、通关、验货、安装、培训、服务、收款等众多环节,会占用并浪费大量时间,增加资金成本,面临多重风险。由此可见,实业资本运动的环节很多,流程很长,风险很大,可谓步步充满风险,只有关关都闯过才能按商品收取一次费用,任何一个环节的卡壳都将影响资本循环的完成。在这个过程中,实业资本的机器运转,每一步都离不开金融资本的及时润滑。当国家或金融机构对金融资本运动设置渠道和门槛之后,就造成了实业发展对金融服务的高度依赖。

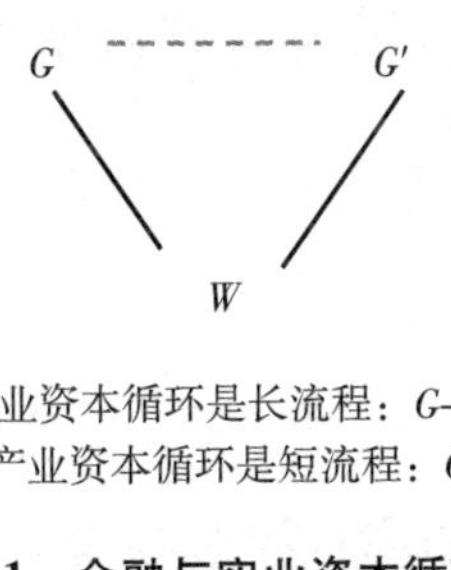

$$G \;\text{----------}\; G'$$
$$\diagdown \qquad \diagup$$
$$W$$

实体产业资本循环是长流程:$G-W-G'$
金融产业资本循环是短流程:$G-G'$

图 7-1　金融与实业资本循环流程对比

资料来源:由笔者整理。

与实业资本的长流程运动方式大不相同,金融资本采取 $G \rightarrow G'$ 即钱生钱的短流程运行,通过分环节逐步收费有效化解了资本循环过程中存在的风险。在金融对实业生产服务过程中,金融机构利用其渠道和信息优势采取了分段收费的交易方式。一段一段地搭桥,一步一步地收费,看上去每一段的费率似乎并不显著高于实业资本平均收益,但因其流程短、流量大、循环快、风险小,交易所需时间很短,交易确定性很强,交易频率很高,最终导致整体上金融资本的增值效率 $\dfrac{(G' - G)}{G}$ 可以持续显著高于实体产业。实体产品生产的长流程和金融服务的短流程的巨大差异,自然形成了金融资本相对于实业资本的赢利优势。在实业和金融都放开经营的情况下,二者之间的这种不平衡原本可以通过市场竞争来收敛缩小。但是,为了防范金融业的系统性区域性风险,各国设置的金融业门槛都远高于实体产业。正是这种垄断经营固化了金融业相对于实体产业的赢利优势。

金融资本持续的高收益必然导致社会资本的逐步金融化。不但越来越多的金融资本不再往实体产业流动而只留在金融系统体内转圈循环,而且导致越来越多的实业资本为追求钱生钱的高额利润而转向金融产业。长此以往,社会资本在整体上追求流入金融领域而不愿意与实体产业结合,从而造成日益严重的钱多物少局面,逐渐导致社会经济金融化、泡沫化。

第三节　美国经济金融化的过程与危害

过多的货币追逐较少的商品,使经济不断泡沫化,最终必然导致周期性的经济或金融危机。对付经济危机,强国和弱国的方式大不相同。弱国只能通过国内金融货币贬值和产业结构调整来消除泡沫,重新求得金融和实业的平衡。但美国这样的强国则完全不同。作为世界储备货币和结算货币的主产国,美国理所当然会想方设法借助全球化手段来转移其体内泡沫,用世界范围内长短流程的均衡来消化其手上过多的美元,化解美国金融资本短流程的流动性风险,从而尽享金融化过程的高收益。在德日战后重建、苏联解体转型和中国改革开放过程中,这种世界市场范围内的长短流程的均衡一次次达到了最大化程度。一个又一个迫切需要金融资本来发展实体经济的新兴经济体,使美国的金融资本在风险分散的同时一次又一次地实现了收益最大化,金融资本规模快速扩张,金融资本占比不断扩大。

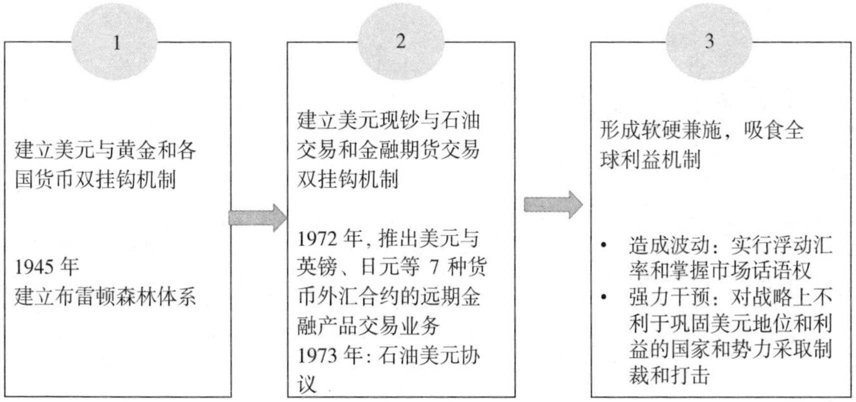

图 7-2　美国经济的金融化过程

资料来源:由笔者整理。

如图 7-2 所示,第二次世界大战结束后,美国分三步走实现了经济的金融化和全球化,逐步实现和巩固了强势美元的利益最大化。

其中对金融化最为要者,是美元与金融期货交易挂钩开启了美国金融完全离开实业而独自发展的道路。1972 年,美国财政部批准芝加哥货币期货交易所推出了美元与英镑、日元等 7 种货币外汇合约的远期金融产品交易业务,正式开启了世界金融衍生品交易的大门。浮动汇率下的外汇市场总会不停波动,使这种针对汇率市场波动而凭空设计的虚拟资产交易几乎可以是规模无限的。但是其交易结算使用的货币却与在实业交易结算中使用的美元现钞完全一样,这就既为美元的流通打开了巨大的天窗,也为美国经济金融化敞开了大门。通过这种方式积累起来的资本,性质上属于虚拟资本,用途上却和从实体产业中生产积累得来的实业资本毫无差异。这样一来,劳动创造价值的生产过程就被公然改变成了"金融设计+资产交易"创造价值的金融游戏,资本不再需要通过生产环节就可直接通过市场交易实现获利增值。美国从此加快进入大规模钱生钱的金融资本主义时代。

金融本质上是货币的资本化运动。货币资本化运动需要日益扩张的市场规模和恰到好处的市场波动。对美国而言,不断拓宽美元的市场范围,让各个经济体接受美国的金融资本规则,让市场信息按照美国股市逻辑展开,是保持美元强势、巩固美国地位的战略大计。只有这样,美国通过印钞产生的美元和通过金融衍生品创造的美元才能有地方去交易,才能通过在全世界实现金融资本与实体产业的最终平衡,消解美国国内的金融泡沫,将美国的虚拟资本转变为世界的实业资本,实现长期而灵活的保值增值。为了金融资本的流转和利益,美国等产品消费国必然使用谈判、交易、战乱等各种强力手段来扫清各种各样的交易障碍,包括要求改变资源生产和产品制造国的经济政策、金融法律、企业治理乃至国家主权。经济金融化的美国使整个世界时刻都承受金融危机的风险。随着经济全球化不断发生剧烈变化，各国经济稳定性不断承压，日益失去稳定性、自主性。

第四节　以使用效率均衡为方向推进产融结合

按照和差与积原理和社会资本配置总体效率定律，无论是对于一个国家、地区还是全球经济而言，为有效提高社会资本的整体配置效率，有效防范金融危机带来的风险，都必须想方设法地搞好金融资本和实业资本的效率均衡。由于产融效率不均问题主要来自金融发展过度和实体经济发展不优两个方面，故各国都有必要在提升实体经济效益和控制经济金融化风险上同时作出努力。

第一，要探索稳定性更好的全球金融之锚，从宏观角度把握好各国货币发行及金融衍生品总量控制。金融是实体经济的血液，既是社会信用的载体，也是经济资源跨时空配置的工具，不应淡化泛化。以一国货币为主的世界储备货币制度应该加快向多国"一篮子"货币方向调整；各国作为贸易支付手段的货币发行总量应与其当期社会产品和服务的产出总量建立起明确的关联；用于投资的货币资本应当与社会经济发展速度建立关联。

第二，要协商制定控制金融衍生品总体规模的监管制度，严格控制流经金融短流程的金融产品总量。按和差与积原理推理和社会资本配置总体效率定律要求，应争取在二十国集团（G20）平台上达成协议，对各国实体企业和金融企业从事金融衍生品交易进行必要的限制，从严控制金融投机交易。一是坚持分业经营，除了各个国家认定的少量金融控股平台企业外,银证信保租等机构应各司其职、各尽所长,防止短期内各类资金集中炒作某类金融产品带来的系统性区域性风险。二是严控金融企业从事金融衍生品交易的规模,对金融机构从事金融衍生品交易的资金实行严格的配资比例限制。三是针对金融资本与实业资本循环流程和循环效率的客观差异,对金融交易的超额利得课以重税,所得用于支持实体产业科技研发。四是要在建立金融服务实体产业发展机制的基础上,明确实体企业不得从事高度投机性金融衍生品交易,参与大宗商品期货交易时也只能做套期保值操作。

第三,要加快建设产融结合的投融资平台。在经济全球化过程中,很多国家的发展经验证明,建设若干主权基金或国有资本投资、运营公司等产融结合的创新发展投融资平台,既很有必要,也多见成功。这些平台型企业集中了一大批具有战略眼光的优秀企业家,拥有多个行业的领军人才和科技力量,形成了巨大的用户群体和强大的品牌影响力,具有坚实的产业和金融资源配置能力,对全球化发展和国家政策有更深入的了解和领会,在市场中具有良好的纵向整合与横向协同能力,既促进了金融创新,也带动了实体经济发展。

第四,要提高实体企业存量资产的流动性。实体企业要培育金融产业思维,以管资本为主加强管理,在搞好生产制造的同时,注重充实企业资本,搞好资本运作,加快资金周转,减少采购资金和产成品资金占用,尽力提高企业存量资产价值。要加强企业财务公司等资金管控平台建设,全面实施企业管理信息化,搞好全面预算、集中结算和动态核算。要建立或利用工业互联网,将企业存量资产、资源、能力和合作方式信息充分披露出去,通过企业间资源共享有效降低库存、加快周转、提高产能,使企业产权形态、资产价值始终保持在较佳的组合状态之中。

第五,要搞好企业增量资产的融资、投资、管理、退出的全过程管理。要明确企业发展战略,厘清企业主营业务范围,强化主营业务之间的战略协同关系,明晰企业集团总部与各主营业务板块及其投资企业之间的责权利关系,规范增量资产投资决策权限,明确投资项目负面清单,划定企业投资行为红线。要全面加强投资决策、执行、运营过程中的资源协同和监管协作,切实加强投资行为的风险防控,不断提升企业资源优化配置的成效。要加强投资监管体系建设,完善监管制度,优化监管机制,健全监管系统。要注重用金融资本运作的思维审视实体产业的投资经营行为,优化产业布局,加快结构调整,强化战略性重组,使金融运作和实业运作更加协同高效。

第八章　城市建设和乡村建设的关联

城乡差别是人类社会三大差别之一。[①] 城乡建设是社会发展的主要内容,城乡均衡是社会安全和谐的基础,城乡融合是解决农业农村农民问题的根本出路,城乡发展成效趋同是全社会发展成效提高的基础保障。本章将应用和差与积原理对城乡建设发展问题作出分析。

第一节　城乡建设发展效率定律

城乡建设包括城市建设和乡村建设。除去新加坡、梵蒂冈等典型的城市型国家,绝大多数国家的经济社会发展既离不开城市建设,也少不了乡村建设。国家城乡建设发展成效 S 与城市建设成效 X、乡村建设成效 Y 之间是什么关系? 首先, $X > 0, Y > 0$,即城乡建设效率通常都是正数。其次,一个国家在一定时段中城市建设和乡村建设的效率是一定的,其二者之和也是个定值。即 $X + Y = C$, C 为定值。总体上看,国家只有把 X 、 Y 都组织做好了, S 才算做好,只有

---

① 三大差别是指工农差别、城乡差别和脑力劳动与体力劳动的差别。

X、Y 都更有效,S 才能更有效。年度建设投资中,无论是先乡村后城市,还是先城市后乡村,国家城乡建设发展的效率总是要同时依赖于城市建设和乡村建设两步效率的提升。由于总体效率等于各步效率之积,因此,S、X、Y 三者之间的效率函数关系是:

$$S = XY, X > 0, Y > 0, X + Y = C, C \text{ 为定值} \tag{8.1}$$

与第一章比较可见,国家经济社会建设发展成效 S 与城市建设成效 X、乡村建设成效 Y 之间的函数关系完全满足和差与积原理的函数形式和条件。因此,S、X、Y 三者之间的运动和关联就应遵从和差与积原理。这样,利用和差与积原理就可直接导出下述国家城乡建设发展效率定律:

国家城乡建设发展效率会在城市建设效率和乡村建设效率趋向背离时降低,而在二者趋向均衡时提高,并在城市与乡村建设效率相等时达到最高。

这条定律告诉我们,在国家经济社会发展过程中必须始终兼顾城乡均衡发展,严防城乡差别扩大。那些片面强调城市发展和严格控制城市发展的做法都是不当的,那些反对农民进城或限制农民市民化的政策都是短见的,那些控制乡村资源市场化配置、轻视乡村建设发展的想法都是错误的。只有持续大力促进城乡融合发展、均衡发展、协同发展,才能整体提高全社会的长期发展水平。

第二节　不同历史阶段城乡建设发展的特征与差异

狩猎时代没有剩余,没有定居,没有城市。

农业时代,城市是小型的、离散的。城市依自然条件逐渐形成,主要功能是作为首府、军营、商贸、物流、教育和医疗场所等。城市可共享的资源少,为市民服务的功能弱,多实行严格的户籍管理制度。城市化水平不高,城乡建设发展很慢。对我国而言,直到改革开放前,工业化水平还很低下,城市化率仍在 18% 以下。每逢国家经济困难,就会组织城市人口下放农村来减轻城市负担。

工业时代,城市朝大型化、中心化发展。能源、交通、通信技术的发展促进了社会化大生产,推动资源集中流向城市,并把产品大规模推向市场,产生了大量的就业岗位,吸引农村劳动力向城市流动。随着城市商贸、信息、金融、餐饮、文旅、家居、教育、医疗、健康等众多服务功能的发展,城市可共享资源不断增多,为居民服务的功能日益增强,城市人口快速扩大。在小城镇链状发展的基础上,形成了越来越多的大城市和超大型中心城市,推动了第三产业快速发展,促进城镇化发展水平不断提升。但是,过大的城市规模带来了严重的城市病,比如环境污染、交通拥堵等,反过来又影响了经济社会的均衡发展,成为各国在工业时代城市发展中普遍存在的严重问题。西方大城市的无序扩张往往还伴随规模巨大的贫民窟、难民营,在城市中进一步形成严重的两极分化。离不开农民工的大城市却解决不好农民工及其家庭成员市民化的需要。中国也一度出现较为严重的农业艰难、农村落后、农民贫困问题。城市发展远快于乡村,城乡经济结构二元化,城乡社会发展不均衡,城乡接合部社会问题较多,城乡建设发展方式亟须优化。

进入数字化时代,城市化发展出现信息化、网络化、生态化发展的势头。能源管网、交通路网、通信网络快速发展,5G、物联网、大数据和人工智能等数字技术支撑的各种智能网络平台加快建设,新老基础设施将城乡建设发展更好地连为一体,城市服务功能半径快速扩大,城乡经济共享水平大大提高,社会资源配置效率大幅提升。大城市周围数百公里内的乡村土地价值迅速提高,城乡建设互动性、均衡性大为增强。城际的网络化互动,带动城市之间广大乡村区域加快建设形成网络状的特色小镇群和功能生态区。乡村的绿水青山因得到城市巨大人口的协同共享开始转变成金山银山。城乡一体的网络化生态化建设,进一步促进了城市的大型化、现代化,并强有力地带动美丽乡村的建设发展,在城乡一体化均衡发展的基础上,催生形成了一个个都市圈和城市群。经济发展的空间结构发生深刻变化,中心城市和城市群建设成为带动城乡发展的巨大力量。工业时代遗传下来的城市结构性问题,正在智慧城市发展过程中,通过新型基础设施强大的创新服务功能,逐步找到全新的解决方案。

第三节 提高新时期城乡建设发展的均衡性

按照和差与积原理,国家城乡建设发展效率会在城市建设效率和乡村建设效率趋于均衡时不断提高,并在城乡建设效率相等时实现最大化。为此,要根据各地经济社会发展的时段特征,科学把握好城乡建设发展的均衡问题。鉴于现阶段我国经济社会已基本实现工业化,正在大力开展新型基础设施建设,加快向数字经济转型发展,本节重点讨论如何在数字经济时代化解城乡二元结构、促进城乡建设均衡发展问题。

一、加快农村土地资源配置市场化

要加快农村发展,就得用好农村资源。农村最主要的资源是土地。农村的土地属于集体所有。但现在村集体并不是土地资源配置中真正的市场主体,农村土地是由地方政府通过向村集体征地后将建设用地推向市场挂牌转让。农村的建设用地主要由地方政府进行处置,而作为所有者的村集体并没有直接进入市场参与交易。村民的宅基地虽然已经明确可由农民配置,但其交易还只能在村民之间展开流转,并没有进入开放的土地市场。另外,城乡接合部的村集体普遍存在的小产权房问题,也因多不符合地方政府发展规划而不能入市交易。这些做法各有其历史背景。站在城乡平等、集体所有和政府所有都是公有的宪法立场上,农村集体土地应通过立法划分为可以交易用地和不许交易用地。可交易用地应由村集体作为交易主体来市场化配置,村民宅基地应该允许农户公开入市交易,村集体对国家耕地保护红线之外土地上的小产权房,应该有建设自主权和入市交易渠道。农民的社会保障问题应该主要通过用土地交易费统一建立社会保障金的方式来加以解决,而不必将农民保障始终与土地本身的生产经营功能捆绑在一起。为此,要加快修改完善土地管理法实施条例,完善相关配套制度,健全农村集体产权制度,制定出台农村集体经营性建设用地入市政策,逐步改善提升农村土地交易市场环境和质量。有序推进农村土地征收制度改革,扩大国有土地有偿使用范围。深化农村宅基地制度改革试点,深入推进建设用地整理,完善城乡建设用地增减挂钩政策,为乡村振兴和城乡融合发展提供土地要素保障。在"三权分置"政策基础上,大力推进农村土地信托流转等改革创新,为农业适度规模经营创造条件。在农村土地市场化过程中逐步实现绝大多数农民就业非农化,不断推进城乡均衡发展。

二、以新型基础设施建设带动城乡一体化发展

新型基础设施有两大显著功能:一个是通过产业数字化,赋能现有基础设施,创新服务方式,提高其服务效率;另一个就是通过数字产业化,创新数字产品,创建数字平台,增加服务业态,扩张服务半径,推进城乡建设发展一体化。这涉及新型基础设施的方方面面,可展开的工作很多。下面仅以新型基础设施中的物联网对传统互联网的超越为例进行说明。

交通路口红绿灯管理效率提升是信息基础设施超越传统基础设施的一个典型案例。通过将现有互联网控制系统改造为物联网控制系统,路口红绿灯开闭的时长管理将得以实现智能化,可以根据路口不同方向的车流多少灵活控制车流时长,既减少了停车等待时间、减少了拥堵、提高了车速,也有效地降低了汽车尾气污染、节约了能源,从而允许更多的人进城,更多的人买车,更好地带动乡村建设发展。

物联网基于互联网,又超越互联网。物联网在网络结构、信息时态和控制功能上都与互联网有着显著的不同。在网络结构上,传统互联网只是计算机之间的互联,而物联网是万物互联,包括人与人、人与自然、人与机器、机器与机器特别是计算机与非计算机之间的互联。相对于互联网的平面式一维互联而言,物联网是立体的多维互联。物联网促进物理空间、生物空间和网络空间的相互融合,使计算机网络由虚拟世界转向虚实并行的世界。在信息时态上,互联网上

的内容都是过去时的,其信息总是事后输入计算机才传入网络的,是已发生的事物信息;而物联网上的信息主要由摄像头即时观察拍摄、适时上网并动态运用,展现的是即时的信息,展开的是智能互动。在控制功能上,互联网是非智能的,只能按事前在计算机中设定好的软件程序机械地规范过程进展;而具有人工智能的物联网可以根据现场情况适时地智能化处置事务进程。

更重要的是,物联网与超级计算结合产生大数据,加速提高人类认识事物规律的能力。物联网的万物互联推动海量设备接入,在网络中聚集成数据湖,再通过充分的超级计算与分析处理,便能产生反映事物关联关系和内在规律的数据库。数据库中的大数据可为人类更快更好地认识事物发展运动的规律提供强大支持,将成为第四次工业革命中最具价值的资源。显然,由于数据能以光速运动,这些巨大的资源既可以存储在用户众多的大城市,也可以存储在环境适宜的遥远乡村,从而有利于推动城乡实现一体化发展。借助凉爽的空气作为互联网数据中心(Internet Data Center,IDC)散热的冷源,曾经在工业化中落后的贵州省正在数字化时代快速赶超,就是一个很好的区域数字化发展的例证。中国电信在炎热的湖南省郴州市,利用东江水库深部的恒温冷水为建在东江边上的大型互联网数据中心散热,使该中心的能耗指标达到业内最优,很好地为粤港澳大湾区提供了数据收集、分析、计算、存储和发送等各项服务。这种先天的环境优势和后期工程建设配套的高质量供给,有效地促进了互联网数据中心在农村的建设和发展。

物联网与互联网的不同,可说明中国在新型基础设施的建设上为何能比美国发展得更快。互联网是美国人发展起来的,但美国的互联网更多的还只是由计算机连成的系统。中国则在移动互联网上取得了更快进展,基于 13 亿多部手机形成了巨大规模的移动互联网。到 5G 应用阶段,中国已经建立起在通信领域的领先优势。可以预计,进入物联网发展时期,中国一定会发展得更快。这是因为,美国的制度和文化在一定程度上和物联网大发展的需要难以匹配。一方面,由于实行土地私有制和国家联邦制度,新型基础设施的全国性建设项目,在美国获得立项通过要比中国慢得多,比如美国迄今为止都没有建立一个全国统一的大电网。另一方面,由于强调隐私和个人权利,美国人对于物联网摄像头的随处布置相当敏感和不适。因此,进入物联网、大数据和人工智能时代,中国完全有可能比美国更好地通过新型基础设施建设推动城乡一体化的创新发展。

三、以特色功能小镇连接形成网络化都市生态圈

智能电网、高铁网、5G 通信网等能源、交通、通信基础设施,极大地增强了城乡连接能力,赋能网络化都市生态圈加快发展。若以高铁的一小时车程计算,两个大城市的距离可在 300 千米之间。在如此巨大半径的都市圈中,可以规划在城区和美丽乡村之间,在基本农田用地之外,在新老基础设施基础之上,根据两端大城市的资源禀赋、产业特点和市场需要,结合沿途地方乡村历史文化传统,规划部署一系列具有特色功能的产业小镇,连接促进城市群、都市圈中城乡村镇的物质能量、生物生态、社会服务及科技文化等各个方面的全面创新、协调发展。

这些由能源、交通、通信网络支撑起来的特色小镇,不再是点状离散部署的,也不以单一城市为中心链状部署,而是村、镇、城、大城

市、超大中心城市彼此两两互联的网络化生态结构。它们既各有特色,又相互协同,通过裂变形成分工,以快速灵活地适应市场,通过聚变形成合力,及时有效地把握市场机遇,既能很快响应市场需求又能适时分散市场风险,以整体功能创造协同价值,加快建设美好城乡。在这样的城乡互动中,城乡的边界逐渐模糊,城乡的合力逐渐增强,城乡的差距逐渐缩小,城乡建设发展逐渐均衡,工农的差别也逐渐缩小和消失。令人兴奋的是,战胜新冠肺炎疫情后的中国,这样的发展基础已经基本具备,这样的发展规划正在加快写就,这样的发展成就正在与日俱增。

第四节　防范城乡建设发展失衡风险

我国在通过多种途径增进城乡建设均衡发展的同时,还应加大力度解决好现实中导致城乡差异的各种问题,缩小城乡建设发展的差距,防范城乡建设发展失衡的风险。

一、巩固农村脱贫攻坚成果

保持脱贫攻坚成果持续稳定,大力推进乡村振兴建设,是我国当前和今后较长时期的一个重大历史任务。实现和巩固农村脱贫攻坚成果,是实现城乡均衡发展的必要前提。为此,要抓紧做好三方面工作。

一是要在对口帮扶中搞好产业发展。产业发展是乡村发展的根本,市场渠道是乡村产业的血脉。要把巩固脱贫攻坚与加快产业发展有机结合起来,推动脱贫攻坚与乡村振兴融合发展,实现后脱贫时代乡村社会经济的持续稳步增长。要坚持做好对口帮扶,大力支持农村合作社或中小微企业经营管理信息化,使农业农村生产与城市的市场需求紧密结合起来,让城市的各类电商网络平台更好地为乡村产业发展做好市场对接服务。在这方面,国家和各省(自治区、直辖市)乡村振兴办可考虑选择并监管若干个专为扶贫产业的产品提供销售服务的全国性电商平台。

二是要继续鼓励农民工进城务工。资源只有经由市场配置才能实现价值,包括脑力劳动者和体力劳动者在内的劳动力要素尤其如此。现阶段,农民尤其是贫困村民进城打工,仍然是农户增加收入、实现减贫见效最快的方式。要保持各种渠道的畅通性,提供各方面帮助,让农民有机会通过融入城市获得稳定收入。要坚持发达地区与脱贫地区的对口帮扶以提供更多就业机会,结合发达地区产业用工需要做好农民就业培训以更好扶志和扶智,通过落实包户责任制切实解决好外出务工人员的后顾之忧和信心不足等问题。

三是要以转移支付支持做好易地扶贫搬迁的后续工作。异地扶贫搬迁,解决数千万人的生存发展问题,要靠国家财力支持和各方对口支援。扶上马、送一程,做好易地扶贫搬迁的后续工作,还须国家支持一段时间,对此要有远见、有规划、有耐心。要保持国家财政转移支付支持力度,维持对口支援力度不减,建立稳定的可持续的长效脱贫机制。要通过农村低保政策与国家扶贫标准的衔接推进,开展贫困人口、返贫人口和新致贫人口脱困需求的动态监测评估,把存在返贫风险的人找出来,把边缘户中可能致贫的人找出来。针对其致贫原因,实施有效帮扶,遏制住返贫和新致贫现象。

二、加快推进农民工市民化进程

城市因资源集聚与共享而使生活更加美好。农民市民化，既是经济社会发展的内在要求，也是经济社会发展的根本动力。农民工的市民化，是劳动力从生产率较低的农业中稳定地转移到生产率较高的第二、第三产业，意味着社会资源得到更好配置，社会劳动生产率获得整体改善。党的十八大提出了"有序推进农业转移人口市民化"的目标。党的十九大进一步明确，到 2035 年基本实现社会主义现代化，加快推进农业转移人口市民化。我国改革开放的实践证明，用好用活农民工，稳妥有序地使之市民化，经济社会就能持续良性发展。西方社会的教训表明，解决不好进城农民的就业和社会保障问题，就会形成贫民窟现象，就会形成难民群体，就会造成社会的两极分化，严重影响经济社会的稳定发展。我们要在建设社会主义现代化国家的同时，更好实现共同富裕，就必须切实解决好农民工的市民化问题。

农民工的市民化，是指农民工能进入城镇稳定就业、固定居住、获得户籍，并平等享有市民权益，在城市中稳定生存发展的过程。这需要解决好农民工出得来、进得了、有收入、有房住、有户籍、有权益、能发展等一系列问题。出得来，主要指年轻人，要大力做好乡村适龄青年的职业教育、就业辅导和思想工作，有效解除其各种后顾之忧。进得了，要求城乡双方做好工作对接，加强组织管理，促进进城农民工与城市企业和居民家庭的劳务需求有序结合。有收入，既要靠农民工努力，靠企业诚信，也要靠政府对欠薪现象实行严格管理。有房住，首先是要有房租、租得起；其次是创造条件让长期在城市工作生活的部分农民工能买房买车,逐渐提高居住生活水平。有户籍,要求国家放开、放宽除个别超大城市外的城市落户限制,调整完善城市积分落户政策,探索在城市群实现户籍准入年限同城化累计互认,推行以经常居住地登记户口制度,使农民工在城市工作奋斗达到一定积分后就能及时顺利获得城市户口。有了城市户口,还要落实好新市民享有各项基本公共服务和社会保障的权益,平等相待、友好相处、互学互帮、共享发展,促进新市民尽快融入城市生活,作出更大贡献。

三、实现城乡基本公共服务均等化

基本公共服务是由政府主导、保障全体公民生存和发展基本需要、与经济社会发展水平相适应的公众服务。其内容包括教育、卫生、文化、就业、住房、社保、设施、环境、安全等方方面面。基本公共服务均等化是指全体公民都能公平可及地获得大致均等的基本公共服务。显然,享有基本公共服务是公民的基本权利,保障人人享有基本公共服务是政府的重要职责。推进基本公共服务均等化,既是人民实现美好生活的基本要求,也是促进经济社会发展的强大动力,更是建设社会主义现代化国家的应有之义,对于促进社会公平正义、增进人民福祉、增强全体人民在共建共享发展中的获得感、实现中华民族伟大复兴的中国梦,具有十分重要的意义。

"十三五"以来,以确保打赢脱贫攻坚战为核心,我国基本公共服务均等化取得了长足进步。基本公共服务体系更加完善,体制机制更加健全,在学有所教、劳有所得、病有所医、老有所养、住有所居等方面持续取得新进展,脱贫攻坚任务按时完成,全社会基本公共服务均等化水平大为提高。但是,现阶段中国发展最大的不平衡仍然是城乡基本公共服务水平的差异。这种不平衡突出表现在资源布局、能力提供和服务水平上,国家和地方都要加快补齐这些短板。既要继续增加公共服务在乡村的供给,也要增强公共服务在城市、县城、小城镇和乡村之间的同步性。

经过针对新冠肺炎疫情的抗疫大战,国际经济正在承受恢复发展的巨大压力,对区域均衡和城乡融合发展提出了更高要求。为此,要在千方百计维持现有城乡基本公共服务水平的基础上,在城市乡村融合中进一步加强社会基本公共服务均等化力度,大力缩小区域差别和城乡差别。在全国大规模的新型基础设施建设上,要注意用新的科学技术增强基本公共服务的均等性,通过城乡信息资源、教育资源、医疗资源、文化资源的线上共享,大力增强教育文化和医疗保障的公平性。

第九章　共享经济体系的效率
　　　　提升路径分析

广义的共享经济是一种新兴的经济发展模式:一种新的社会资源配置方式、一种新的社会问题解决途径和一种新的社会进步文化。

狭义的共享经济体系专指通过建立并利用开放共享的数字网络平台,将企业或个人资源中可共享的使用权信息集聚起来,利用大数据、云计算、移动通信和人工智能等数字技术,在交易平台"一对多"的服务与监管下,实现交易渠道上"多对多"的供需匹配交易的资源配置方式。在共享经济体系运行过程中,网络平台提供方先以免费方式向大众提供平台建设和运维服务,然后与使用平台相关渠道进行交易的各方共同分享交易收益。[①]

共享经济,重在共享。共享网络平台上,参与交易的顾客是用户,不参与交易的公众也是用户,且后者是产生前者的基础。因此,共享经济体系的价值结构不同于传统经济的价值结构。除了一般的产品或服务交易环节外,共享经济交易体系首先还得具备向用户免费提供平台服务的能力。共享经济体系的价值既来自体系渠道上隐

---

① 邓志雄等:《领峰之观》,电子出版社 2019 年版。

性的收费服务,也来自体系平台上显性的免费服务。因此,共享经济体系结构包括两个方面:显性的免费的服务平台与隐性的收费的赢利渠道。以免费服务平台吸引广大用户,通过将用户中的一部分转化为与收费业务渠道紧密相关的顾客,进而吸引这些顾客消费以创收赢利。由于服务平台是免费的,渠道收费的赢利要能同时支撑平台免费服务和渠道收费服务的开支需要。做不好平台服务,就找不到足够多的用户,收费业务就不能大规模展开;做不好收费业务,就支撑不了平台服务,也不能使收费业务持续发展。

如何配置资源才能实现共享经济体系的效率最大化呢? 本章用和差与积原理来分析这一问题。

第一节　共享经济体系效率定律

假设某一共享经济体系的资源配置效率为 S 。其运行方式是通过向社会提供某项平台免费服务后获得某些渠道收费服务的利益。也就是说,共享经济体系的资源配置效率 S 是分两步实现的,第一步提供平台免费服务,其资源配置效率为 X ;第二步提供渠道收费服务,其资源配置效率为 Y 。根据总体效率等于各分步效率之积的道理可知: $S = XY$ 。这里,由于平台免费服务是烧钱的, X 和 Y 应分别理解为平台和渠道对 S 的资源配置效率贡献的占比而不是各自直接创造的利润数量。在一定的时段内,由于平台和渠道资源配置效率可分别视为正的定值,故有: $X > 0, Y > 0, X + Y = 1$ 。

因此,共享经济体系资源配置效率的函数关系和相关条件满足和差与积原理的函数形式和条件要求:

$$S = XY , X > 0, Y > 0, X + Y = 1 \qquad\qquad (9.1)$$

于是,按照和差与积原理,可直接导出下述共享经济体系效率定律:

共享经济体系的资源配置效率 S ,将在其平台免费服务效率 X 与渠道收费服务效率 Y 两者趋向背离时逐渐降低,而在两者趋向均衡时不断提升,并在两者相等时达到最高。

这条定律清楚地表明,共享经济体系的资源配置效率,高度依赖其显性平台免费服务效率与隐性渠道收费服务效率的均衡。平台服务效率低下,会导致平台显性引力不足、用户不够、顾客不多,渠道收费服务就做不好,整个共享经济体系的资源配置规模与效率很难提高。对平台服务资源配置规模与效率要求太高,则会导致显性服务烧钱太多,造成渠道资源部署不到位、企业发展后劲不够,使用户服务难以持续优化和完善,共享经济活动也难以长期健康发展。同样,渠道收费服务成效要求过高,会削弱平台对用户的吸引力;而收费服务成效不佳,则难以支撑平台企业持续兴旺发展。

因此,推进共享经济体系健康发展,要高度注意平台建设与渠道建设的相互均衡,努力朝着 X 与 Y 差值变小的方向去调节共享经济活动的总体方向,做到显隐得当、相得益彰,而不能有所偏废,造成两类服务效率之间差距的扩大。

第二节　加强共享经济体系的平台建设

共享经济是基于互联网发展起来的。互联网是平台化的,决定了共享经济是平台经济。没有平台,就难以实现共享。这种资源配置方式中最大的特点,就是各交易主体按照共同认可的平台机制达成共识协议,依托互联网进行广泛的交往互动。

共享经济交易平台是分布式市场网络与交易中心相互结合的产物。市场节点间是分布式的多对多互动,交易中心与各市场节点之间是"一对多"或"多对一"的互动,共同形成了一个具有中心节点的分布式交易网络,如图9-1所示。其运行机制既有中心节点与所有二级节点之间形成的"一对多"的上下互动,更有各个二级节点之间"多对多"的平行互动,共同形成了两级结构的"一对多+多对多"平台运行机制。

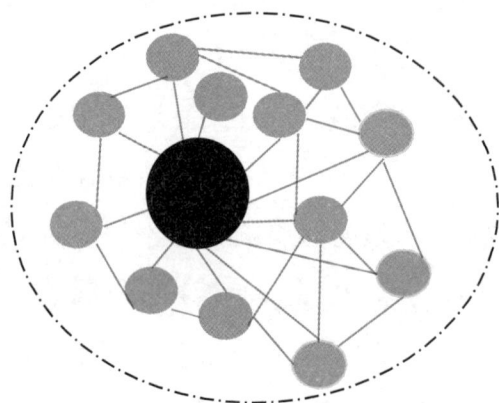

图9-1 平台型市场形态

资料来源:由李宁作图,笔者整理。

平台中心节点的设计与打造至关重要。确定平台功能、建立平台共识、设计平台机制、形成平台协议、树立平台品牌、建立平台诚信、承担平台责任、扩张平台节点、引入交易主体、披露交易信息、完成交易结算、实施交易监管,都要经由交易中心与市场网络的互动才能完成。

　　共享是人类社会文明进步的结果。追溯人类历史不难发现,人类可以共享的标的资源早已有之,愿意共享标的资源的交易主体早已有之,专营物品调剂或租赁的市场模式也早已有之,但全球大规模的共享经济却是在近些年才爆发出来。其原因在于,只有在利用大数据、云计算、移动网络和人工智能等新一代信息技术搭建起来的"一对多+多对多"供需匹配平台机制得以实现之后,建立起了能连接亿万市场主体供需的网络渠道,减少了市场上的信息不对称,给出了各种交易问题的有效解决机制,有效内化和增强了交易诚信,显著降低了市场交易成本,创造了更高质量和更多样化的消费体验,共享经济才能大行其道。让供需双方在数字网络平台上按照市场共识协议无障碍无疑虑地自主匹配达成交易,同时保持交易中心对每一单交易的适时监管,保障及时有效地完成相关交易、防控系统风险、分配交易利益,是共享经济大规模发展起来的根本原因。

　　由此可见,要提高共享经济体系的价值,首先就得搭建好能形成广泛共识的平台。畅通的连接通道、丰富的平台活动、广泛的平台共识、及时的平台支持、多种多样的平台互动,是每一个共享经济体系都需要提供的公共服务。这种在农业和工业时代不可想象也无法持续的免费服务活动,在数字时代反而成为平台发展的基本要求。

第三节　搞好共享经济体系的渠道生成

　　建立起好的共享经济体系的另一重要任务,就是为其匹配高效的交易渠道,广泛吸引交易顾客,及时发现交易对象,有效发现交易价格。如果说做好显性公共服务平台是共享经济体系创新发展的必要条件,那么维持交易渠道经营利益则是共享经济体系持续运营的充分条件。

渠道是网络价值计算器。按照互联网价值定律,一个互联网的价值等于其网络上节点数的平方。基于多对多的连接机制,对于已有 N 个节点的网络,每增加一个新的节点,就会在网络中新增 N 条双向联通渠道,从而大大提高网络的整体价值。

渠道是市场信息展示器。除了平台上一对多统一披露的共享信息外,渠道上还有海量多对多的互动信息。共享信息招引来大量用户和顾客,互动信息则适时引发撮合相关交易与合作。信息是事物之间普遍的、全面的、动态的相互关联,能解除人们对事物的不确定性认知问题。信息产品的生产与应用具有依靠人脑、易于复制、能够共享、快速更新的鲜明特征。随着互联网的技术进步,网络信息量、信息产品的结构和信息的传输形式不断升级,产品生产商和消费参与方不断扩大并相互融合转化,迅速形成功能丰富、结构多元、布局广泛、规模庞大的信息交互集群,具有比工农业和传统服务业发展更快的共享加速度和更广阔的共享新空间,能大大降低人们信息交互的成本,迅速扩大可以共享的产品规模,极大丰富人的物质和精神文化生活,并使社会生产力的发展越来越依赖于人脑而不是消耗越来越多的自然资源。

渠道是平台用户转化器。在共享经济中,用户要远多于顾客。凡是使用了平台免费服务系统的就是用户,但只有既使用平台免费业务系统又使用渠道收费业务系统参与了交易的才叫顾客。如何将访问平台的用户有效转化为进入交易渠道的顾客,取决于共享经济体系上连接的各种收费渠道能否为顾客高效解决问题。不同的平台吸引不同群体的用户和顾客。同一群体的顾客具有相同的或类似的服务需求。充分利用平台及其渠道上既有资源吸引和服务用户,是将用户转化为顾客从而拓展隐性收费服务规模的要点。通过科学的渠道价值评价和利益分配安排,建立起顾客与平台渠道之间的交易合作机制,是共享经济体系稳定发展的关键。

渠道是共享经济体系效益形成器。每一个共享经济体系,都要准确判定潜在的市场需求,都要利用好自身的竞争优势,建立起有特色的交易渠道,以海量信息和增值服务等不同方式服务顾客并分享收益,有力保障共享经济体系的可持续发展。在平台免费服务的基础上,依法合规地设计好各具特色的交易渠道,推动顾客越来越多地自发利用平台渠道发展事业获取利益,平台自身也就可以随之得到更快发展。

第四节　注重平台与渠道的均衡发展

在每一个共享经济体系中,平台向公众用户提供公开免费服务,渠道则为顾客提供多种多样的收费服务。平台随渠道的丰富而拓展,稳定下来的渠道又成为平台的一部分。渠道因平台的强大而增值,平台的品牌价值和诚信效用保障渠道业务的创生和延伸。

平台的价值主要有二:一是向平台用户提供免费服务;二是为本体系各渠道输送准顾客。渠道的价值也有两个方面:一是为进入渠道的顾客有偿提供专业服务并实现赢利;二是支撑平台的整体运行成本。一个好的共享经济体系要有两项好的产出:一是为用户提供一个高效的共享平台,成为相关方信息流和资金流的枢纽;二是为顾客提供一批创新高效的专业服务渠道,成为顾客与厂商之间展开商品和服务交易的保障性场所。由于两种产出是由同一成本来源支撑的,资源占用此消彼长而总量有限,因此要求两种产出必须取得动态均衡。不能形成大平台小渠道局面,长期烧钱多而收益甚少;也不能指望小平台能带来大渠道,投入少而收益高。共享经济体系的组织者应时刻注意平台效率和渠道效率之差的收敛而不能任其扩大。

对比可见,通过上述功能结构分析得出的结论,与本章第一节由和差与积原理直接导出的共享经济体系资源配置效率定律的结论是完全一致的。这种分析既加深了我们对共享经济体系效率提升问题的认识,也验证了和差与积原理在分析新生事物发展规律方面的精准、简洁、可靠。

往下,我们来看两个案例,以加深读者对和差与积原理和共享经济体系效率定律的认识。

第五节　案例1——中企云链产融互联网平台

一、中企云链平台基本介绍

中企云链成立于 2015 年,是经国务院国资委批复,由中国中车牵头,联合多家央企、金融机构、地方企业共同组建的一家混合所有制企业。中企云链作为产融互联网创新的标杆企业,以平台思维打造"N+N+N"模式,搭建在线产融互联网基础设施,突破传统单一核心企业供应链的疆界,将众多核心企业、中小企业和金融机构共同聚合在共建共享的云链平台上,共同开展其自有供应链体系的相关金融业务。

成立五年多以来,中企云链持续探索金融科技创新,目前已推出云信、云租、云秒贴、政 e 信等多款科技创新产品,打造企业确权、场景金融、资本市场、金融科技、企业服务等五大板块,覆盖企业发展全生命周期。截至 2021 年 6 月末,中企云链已上线企业超 10 万家,实现大企业"云信"确权超 3480 亿元,累计免费清理产业链企业三角债超 9151 亿元,为中小企业办理线上应收账款融资 2196 亿元。同时,与包括国有六大行、全国性股份制银行,以及各地方性银行在内的 200 余家银行达成总对总全面合作,并与 33 家银行实现系统直连,实现银行无中间环节直接向中小企业放款,协助银行共同落实普惠金融,"引金融活水,润实体经济"。

二、中企云链平台典型产品

中企云链秉承"服务创造价值"理念,利用互联网思维和区块链技术,通过"免费+收费"的运营模式,实现全产业链供应链整体资金成本最优化。

(一)云信

中企云链以科技手段,创新推出核心产品"云信"——企业电子付款承诺函,解决了供应链上核心企业确权难的行业痛点,实现"在线确权"。通过"云信"在产业链上的确权、拆分、流转,将银行给大型国企、上市公司、优质民营企业等核心企业的授信价值化,让产业链上中小企业供应商能共享核心企业优质信用,实现高效、低成本的融资,真正实现大中小企业融通发展。

为吸引企业和金融机构广泛参与合作,云链平台使用免费,即云信的确权、拆分、流转是免费的,帮助参与各方零成本解决三角债。平台搭建起来后,整个交易过程是通过区块链理念和智能合约,由客户和系统自动化实现的,无须平台人工干预。

融资服务环节实行信息透明化,平台整合各个资金方,实现各银行资金方融资渠道间的价格对比、条件对比,由供应商自己选择适合自身条件的低成本、快捷性的最佳融资渠道。对此,为保证贸易背景真实性,中企云链需进行强有力的风控管理,按照资金方要求,协助审查发票、合同等信息,要付出大量人力、物力。这方面的服务直接为相关企业创造价值,故而要收取一定费用。但此费用相较于供应商的传统融资渠道,实现了价格对比和放款条件对比,大幅降低了供应商由于信息不对称造成的融资成本高企。

(二)云租

中企云链从建筑施工的具体业务场景切入,针对工程机械租赁"资源对接难、管理细节多、协调投入大"等行业痛点开发的"互联网+工程机械"租赁平台,即工程机械的"滴滴打车+免费现场"管理平台。

云租软件基于区块链技术,能有效提高租赁撮合成交概率和施工现场的管理能力。中企云链对云租实行"软件免费,增值服务收费",设备出租方和承租方免费上线;免费提供全线上化的公开寻源采购、合同签署,免费提供工程机械现场工程质量监控、核算及结算服务等功能。收费仅在帮助客户降低融资成本时才参与部分价值分享。

三、平台共享带来多方共赢

中企云链发挥共享经济大平台优势,避免了各个核心企业在企业供应链平台建设上的低水平重复投入,实现大规模集约化经营,与核心企业共同分担其供应链金融平台运营成本,从而实现了整条产业链降本增效。中企云链针对平台融资小额高频、单笔业务成本趋同特点,建立起金融工场,将各产业集团供应链金融业务后台处理进行集中共享,以制造业流水线工作模式改造金融业务后台处理,采用流程标准化、工业化方式,为平台企业、金融机构提供共享审单、客服、营销、技术等服务,既提高了工作质量和效率,又降低了交易成本。

通过云链平台,产业链上中小微企业在银行融资时,可以享受到核心企业的优质信用,实现低成本融资,有效解决融资难、融资贵问题。目前,云链平台上中小企业融资成本低于其同期社会融资成本30%—50%。通过供应链的传导,可进一步降低整条产业链资金成本。

通过云链平台,金融机构也可实现批量获客,以供应链为抓手,能更精准、稳健地为中小企业输入"金融活水",践行普惠金融。实践证明,通过云链平台的共享服务,真正实现了平台、企业、金融机构等多赢局面。

第六节　案例2——O2O 平台的发展[①]

O2O(Online to Offline,即在线离线/线上到线下)平台是伴随着移动互联网而发展起来的共享经济的典型案例。

[①]　本节由王宇飞博士撰写。

通过互联网和线下商务的结合,互联网成为线下交易的平台和线下交易的前台,线下服务可以线上揽客,消费者可以在线上来筛选服务,成交可以在线结算,O2O可以很快达成规模效益,现已广泛涉及餐饮、房产、家装、网约车、旅游、酒店、电影、家政、生鲜等交易服务。该模式最重要的特点是:推广效果可查,每笔交易可跟踪。代表性的服务项目包括共享单车、共享雨伞、共享充电宝等。

从某种意义上看,O2O是B2C(Business to Customers)的一种演化,十分强调互联网平台的作用。其中,团购网站是比较有代表性的一类,可以认为是O2O平台本地化趋势的典型表现。从2010年起,这类企业成为资本宠儿,开始迅猛抢占市场,经历了恶意竞争、多轮洗牌、有序发展等多个阶段。得益于移动互联网和客户端的发展,2013年后这一行业开始赢利并进入稳定发展阶段。其最核心的价值在于打造了一个连接、互动和服务能力很强的商业平台,链接了众多消费者和商家(见图9-2)。平台通过构建多个渠道,提供多种服务供消费者之需。这里的渠道主要指差异化的商家以及商家针对平台提供的各种服务和产品。

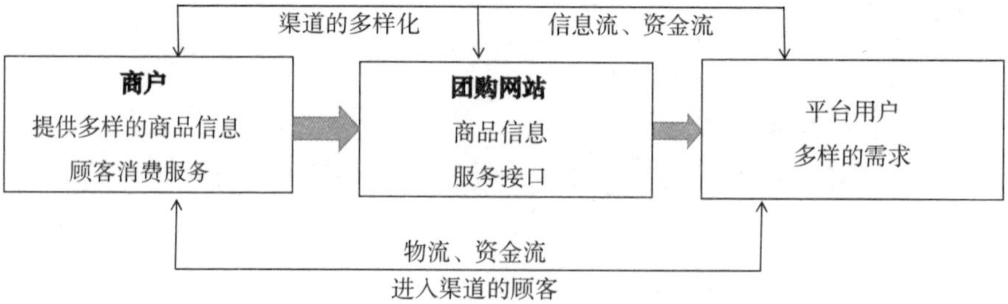

图9-2　以团购企业为代表的O2O平台运作模式

资料来源:由王宇飞作图,笔者整理。

　　商业成功的要素是四流合一，包括客流、物流、信息流和资金流，O2O平台为它们提供了四流高效交叉汇集的可能。不同类型的商业模式，都是属于引流的工具，有助于充分发挥渠道的作用。将不同类型的流量变现为差异化的商业产品，打包给商家获得流量服务，进而回归到了互联网经济的重要特征——流量经济——通过不同类型的数据共享，获得更大规模的参与程度，实现平台建设和渠道生成之间的互动。按照和差与积原理，平台需要均衡地调整一类要素和其他要素之间的关联，使总体的流量效益达到最大值。平台对商家和消费者所提供的服务也应该是均衡的，因为这样的平台才有可能形成较为稳定的运行机制并推动对服务需求供给的最大化。这对平台的权威性和可信度提出了要求，也对配套的设备和机制提出了要求，比如平台要提供在线社交媒体和客户的互动、网络广告推广体系以及营销系统，等等。

　　需要指出的是，共享经济本质上并不是物品新创或者是对新资源的开发，而是通过既有资源的交换促进资源的高效利用。当平台一旦稳定运行，多样化收费服务渠道的作用就会凸显出来，在一轮又一轮新的资本与服务整合中，平台和渠道之间一次次达到动态均衡。把握好各要素之间的均衡，始终是共享经济体系系统优化以进入最佳状态的基本路径和方法。

第十章　企业运营效率定律与 企业制度演变分析

建设企业需要以资为本,经营企业需要以人为本。资本与人本两类要素有机融合是企业发展的客观要求,企业制度建设要均衡考虑人本与资本两大因素的协同合作,包括资合、人合与人资双合。本章将从认识生产要素出发,通过求证企业运营效率定律,分析企业制度演变的历史和逻辑。

第一节　资本和人本是生产要素的两种基本类型

要素对事物的存在和运行必不可少,是组成事物系统的基本单元。要素在系统中相互独立又保持一定的数量关系,并共同决定系统的性质,是系统产生、变化、发展的动因。不同的时代、不同的生产力发展水平,需要不同的生产要素。狩猎时代,地盘是群体生存基础,土地是财富之母。农业时代,种养与土地同等重要,土地为财富之母,劳动为财富之父。进入工业时代,社会化大生产离不开资本参与,资本与土地、劳动力共同构成三大生产要素。随着生产规模和市场半径的进一步扩大,组织、科技、信息也先后被视为生产要素。

经过改革开放,中国从农业社会快速进入四化同步发展的现代社会。党中央高度重视各类生产要素的作用和变化,先后将科技、资本和管理与劳动力、土地一起视作生产要素。2020 年,《中共中央 国务院关于构建更加完善的要素市场化配置体制机制的意见》进一步明确,数字时代的生产要素包括土地、劳动力、资本、知识、技术、管理、数据七类。第一次将知识和数据独立作为生产要素,显示出党和政府在创新驱动发展的数字时代对科学知识和数据资源的高度重视,要求构建更加完善的要素市场体系,大力促进各类要素的市场化配置。

分别来看,土地包括地表之土地、地下的矿藏和地上的自然资源;劳动力包括体力劳动者和脑力劳动者;资本包括资本货物(机器设备、厂房建筑物和原材料等)和金融资产(股票、债券和借款等);知识要素主要通过人力资本质量、科学研究能力、产品知识含量等来表现;技术既包括生产方法、产品配方,也包括操作经验、专有技能和商业模式等;管理是生产经营中各个治理主体分工协作、相互制衡的过程,共同做好把方向、定战略、谋经营、作决策、管大局、抓落实、防风险等各方面工作,不断提高要素回报水平;数据要素则既包含企业科研、设计、生产、销售、管理等方面的内部数据,也包括行业、市场、环境、制度等企业外部情报。通过对这些数据和情报的收集、整理、分析、计算和利用,可以大大增强对经济运行、市场竞争和企业管理等相关事物运行情况及其内在规律的认识。

总的来说,上述七类生产要素可以区分为与人紧密相关的要素和与物紧密相关的要素。如图 10-1 所示,劳动力、知识、技术、管理主要与人相关,土地、资本、数据主要与物相关。由于与物相关的要素的获得可以统一用资本来计量和交易,因此可以将土地、数据和资本归为资本类生产要素,而相应将劳动力、知识、技术和管理归为人本类生产要素。

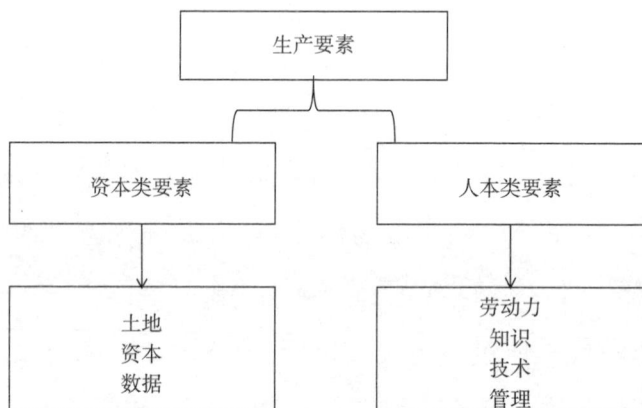

图 10-1　生产要素中的资本类要素和人本类要素

资料来源:由王宇飞作图,笔者整理。

第二节　生产要素和企业运营效率的关系

一、企业运营需要资本类要素和人本类要素双本融合

市场经济条件下,企业将本求利,其运营首先要有资本投入,然后要靠员工劳动。资本投入到位是第一步,员工劳动创造是第二步。两步相接,双本融合,企业才能有效建设和发展。没有资本投入打造生产经营平台与渠道、提供劳动对象和劳动工具,劳动就无从展开。这对公有资本和私有资本同样适用。有钱有物有平台,但是无人劳动和管理,或没有良好的劳动和管理,企业也无法走上正常的发展轨

道。一个高负债建设的项目会因资金严重短缺而失去竞争能力,很难靠投产后的经营管理创造出好的效益;一个建得不错但干得不好管不到位的企业也很难有良性发展。

二、企业运营效率是双本效率之积

设企业运营效率为 S ,第一步资本运作效率为 X ,第二步员工劳动效率为 Y ,那么,按照总体效率等于其分步效率之积的道理,企业运营总体效率 S 是资本运作效率和员工劳动效率之积,即: $S = XY$ 。联系第一章可以看出,企业运营效率函数公式符合和差与积原理的函数形式。

三、企业运营效率的要素关系满足和差与积原理的条件要求

在一定的工艺流程中,企业中资本运作效率与劳动效率 X 和 Y 均为正值,即有 $X > 0, Y > 0$ 。在一定时点或一段时期中,两种要素使用效率变化很小,以至于可以将两者之和 $X + Y = C$ 也视为一个定量。因此,在一定的生产经营时段内,企业运行效率函数 $S = XY$ 中要素之间的关联关系是 $X > 0, Y > 0$,且 $X + Y = C$, C 为定值。

上述两点分析表明,企业运营效率函数符合和差与积原理的函数形式和条件:

$$S = XY , X > 0, Y > 0,且 X + Y = C , C 为定值 \qquad (10.1)$$

四、由和差与积原理导出的企业运营效率定律

由于企业运营效率函数符合和差与积原理的函数形式和条件,

其要素间的互动规律和最大化条件也就应遵循和差与积原理。因此,可根据和差与积原理直接导出下述企业运营效率定律:

企业运营效率 $S = XY$ 将在资本运行效率 X 与员工劳动效率 Y 趋于背离时不断降低,而在 X 与 Y 趋向均衡时得到提高,并在 $X = Y$ 时达到最高。

这条企业运营效率定律告诉我们,企业运作既不应只强调提升资本要素的运作效率,也不应只强调提高员工要素的劳动效率,而应努力追求资本运作效率与员工劳动效率的相互均衡。企业利益分配,既不能只顾资本回报,也不能只讲员工收入,而应兼顾劳动者和资本两方面的积极性。加强企业管理,既要注重布局优化、结构调整和战略性重组,也要切实抓好现场管理、提高质量、效率和效益。企业经营发展,既要及时投入资本进行研发和技改使企业科技水平不断升级换代,又要不断加强员工队伍的稳定、培训和激励工作,不断提高员工的知识素质和劳动积极性。

这方面的推论和案例很多,请读者们自行加以分析总结。本章以下部分将对资本与人本关系变化推动企业制度嬗变的历史过程进行分析总结,以便大家更深地理解资本与人本双本结合与均衡的因由与逻辑。

第三节　企业制度在资本与人本双本
结合与均衡中演进优化

企业制度演变的历史进程,可以反映出企业运营效率定律的长期作用和未来取向。企业制度演变的逻辑在于资本和人本的关系随生产力变化而变化,企业发展越来越需要资本要素和人本要素形成合力。因此,人本与资本双要素融合(以下简称双合)的机制设计是企业制度进步的灵魂。在生产力发展的不同时代,人本与资本有着不同的价值,不同时代的企业制度对人合、资合与双合有着不同的取舍和偏重。

迄今为止,世界各国普遍采用的企业制度主要有 5 种,其历史发展过程如图 10-2 所示。从独资企业、无限合伙企业到股份有限公司、有限责任公司,再到有限合伙企业,随着社会生产力的发展,企业制度的演变始终保持着资合与人合双合不断增强的内在逻辑和发展方向。

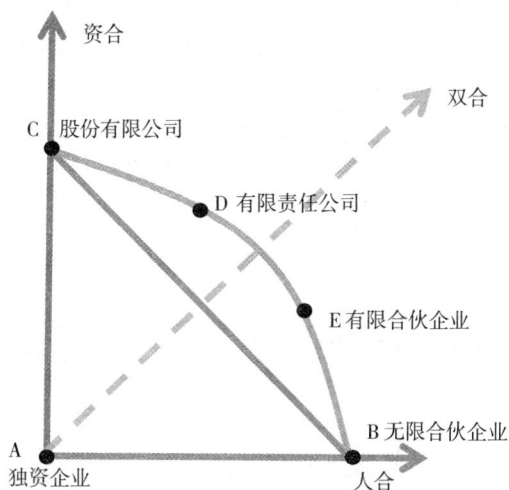

图 10-2　企业制度演变过程

资料来源:由笔者整理。

一、资合人合皆弱的独资企业

农业时代,社会生产力主要是劳动者的体力,主要生产工具是牲畜与犁耙,对应出现的主导企业制度是基于血缘关系的家庭独资企业。早期的独资企业人合、资合能力皆弱,各家举一人一户之资力与信用创业发展。由于劳动力有限,资本投入很小,科技应用水平落后,生产效率很低,在漫长的农业社会,企业制度发展变化非常缓慢。

应该指出的是,作为资合与人合坐标系的原点,独资企业虽然力量有限,但其设立和治理简单高效,因而至今仍在广泛采用。比如个人企业、家族企业、国有企业,都还在经常采用独资企业形式。另外,在企业运营中,当需要设立一个新企业作为另一个企业的股东时,也经常要采用独资企业的形式。比如,国有资本投资公司和国有资本运营公司都是国有资本独资公司。当前推进的国企改革中改组和组建两类公司的目的之一,就是为了加快推进两类公司所出资企业的混合所有制改革。这说明,在做好其他企业的多元化、混合化发展的同时,顶层企业一般仍需以独资企业形式存在和监管。因此,独资企业虽然古老但并不会退出历史舞台,而是会随着时代的进步而进步。

二、纯粹人合的无限合伙企业

在农业时代,为扩大经营规模,增强生产能力,加快企业发展,在家庭经营基础上出现了亲朋好友相邀入伙共同经营企业,产生了无限合伙企业。无限合伙企业制度是纯粹人合的企业制度,强调有力同出、有活同干、有福同享、有难同当、有责同担、有债同还。相比个人或家庭独资企业,无限合伙企业的劳动力合作因素扩大了,管理也在集体治理中有了改善,但资本合作却因合伙债务的无限连带责任约束而没有得到增强,甚至比独资企业更弱了。由于资合与人合严重失衡,无限合伙企业始终无法在大规模实业生产中得到应用。但由于其强调合伙人连带分担企业全部债务责任,无限合伙企业制度在社会中介鉴证和诚信服务领域获得了长足而持续的发展,以至于现行其他各种企业资产交易的诚信情况通常都要由无限合伙企业来出具报告加以鉴证。比如律师事务所、会计师事务所、评估师事务所等,通常都是无限合伙企业。

三、纯粹资合的股份有限公司

当工业革命的暴风雨到来后,机器逐步成为主要的社会生产力,企业生产经营规模迅速扩大,社会发展需要大资本支持大生产并抗衡大风险。这时,上市面向公众公开募集资本的股份有限责任公司制度便被很快创设出来,股份有限责任公司成为工业时代的主导企业制度,股票市场也应运而生,迅速发展。

同无限合伙企业制度一样,股份制也是一种非常偏激和矛盾的企业制度。一方面,它用公司法人和有限责任机制形成了公司资本,适应了社会化工业大生产对大资本的需要,推动了工业化的不断发展,创造出巨大的社会财富。另一方面,它又以纯粹资合的制度安排和公司债务责任的敞口机制,将企业决策权完全交由资本方行使,将企业利润完全归为资本方所有,而将除股东有限责任之外的公司债务责任通通推给政府和社会承担,由此造成企业内部尖锐的劳资对立和社会上严重的两极分化。这种资合与人合的严重失衡既造成了社会发生一次次的经济危机,也阻碍了股份制本身的广泛应用和发展。世界上大型经济危机基本都是由股份公司引爆的,而历经400年,股票市场却始终只能为行业塔尖企业服务,世界各国上市的股份公司占其全部企业的比例始终只有万分之一左右[①]。

---

① 邓志雄:《2008年世界经济危机的企业制度成因分析》,《新华文摘》2009年第23期。

四、资合为主、人合为辅的有限责任公司

随着城市化的发展,服务业超越工业成为最大产业。在服务业主导的经济社会中,中小企业成为就业和发展的重要力量,有限责任公司发展成为重要的企业制度。有限责任公司是为了缓解股份有限公司的纯粹资合问题,在公司运作中引入一定的人合因素,以适应股东相对较少的非上市企业的高效运作需要而设计产生的企业制度。一方面,有限责任公司扬弃了股份公司将企业资本划分为标准化"等额股份"的股东泛化制度安排,维持了"公司法人"和"股东有限责任"两大机制,保持了资本形成能力,坚持了资本稳定原则,股东投资的财产权和公司的法人财产权两权分离,股东只以投资额为限对公司债务承担有限责任。另一方面,有限责任公司制度引入了合伙企业的一些人合特性,坚持股东数量受控、股东信息互通、公司章程自定、公司机构自设和老股东股权受让优先等原则,公司章程和管理制度无须政府批准,公司财务账目报表无须定期向公众披露。这些对巩固公司资本、增进股东合作、集中股东智慧、完善公司治理、提高公司效率、降低公司成本都大有好处。尽管有限责任公司不能公开发行股票,筹集资金范围相对较小,但在现今资本主要已分布在机构投资人手中的投融资环境下,有限责任公司同样可以有较好的融资能力。资合人合均衡带来的效率和好处一目了然,得到了社会的普遍认可和广泛应用,迅速发展成为服务业时代主要的企业制度。中国"十三五"期间,全国新办涉税市场主体共5745万户,年均超千万户,较"十二五"时期增长83%,其中绝大多数是有限责任公司。而我国股市历经30年发展,上市公司仍只有4000多家。

五、人合为主、资合为辅的有限合伙企业

数字经济时代,创新驱动发展,数据成为最重要的生产资源,创业者的脑力成为经济社会最重要的生产力,人本要素的价值因此大幅提升,以人合为主、兼顾资合的有限合伙企业制度加快发展起来。如图 10-2 所示,有限合伙是一种介于无限合伙企业和有限责任公司之间的企业制度安排。在有限合伙企业中,合伙人分为两种:普通合伙人(General Partner,GP)负责合伙企业的经营管理,并对合伙企业债务承担无限连带责任;有限合伙人(Limited Partner,LP)不执行合伙事务,仅以其出资额为限对合伙企业债务承担有限责任。不同于普通合伙企业,有限合伙企业嫁接公司制的融资机制,允许资本投资者以承担有限责任的方式参加合伙成为有限合伙人,在合伙企业中内置了与公司制企业一样的融资机制,保持了投资者的出资积极性。不同于有限公司制度,有限合伙企业继承合伙企业机制,允许不出资的普通合伙人全权管理企业并以人为本分取 20% 左右的企业利润,同时明确其责任机制,坚持要求普通合伙人对企业债务承担无限责任。这种资本与人本双合的机制设计,使有限合伙企业中有限合伙人的资本与管理者普通合伙人的人本实现了资本与人本两大要素的有机结合,更好地促进了两者的双本结合、互动与协同,对经济创新发展和市场诚信建设具有巨大的推动作用,已成为创新企业选用的重要企业制度。

图 10-2 还显示出了企业制度未来的发展方向。按照和差与积原理,沿着资合人合更加趋向均衡的企业制度发展方向,点 D 代表的有限责任公司和点 E 代表的有限合伙企业将进一步相互靠拢。

有限责任公司中的人合色彩将进一步增强,有限合伙企业中的资合力量将有所加重。笔者认为,有限责任公司中人合机制增强可能表现为更多的员工持股和更强的企业决策自主权。有限合伙企业中资合力量进一步加强的原因则可能有二:一是代表国有资本的有限合伙人的力量进一步增强;二是以母基金方式投资的行为将加快发展。

　　未来,在数字科技引领社会经济发展的新时期,在 5G 通信等新技术支持下,随着物联网和大数据等技术的广泛普及应用,世界大型品牌企业和全球创新型小微企业及个人,将结合成双合力量更加均衡强大的"平台+小微"形式的混合所有制企业,共同组成为未来的主导企业制度,一起推动经济社会更快更好地创新创业创造。致力于成为这样的创新支撑平台,也许正是作为国有独资企业存在的国有资本投资公司和国有资本运营公司的发展方向。

第十一章　大企业经营效率定律讨论

从规模来看,企业有大企业和小企业的差别。大企业生产经营情况复杂,要求将决策和执行相互分离,从而使分工更精细、工作更专业、决策更科学、执行更有力、责任更明确、激励更到位。为此,现代大企业通常设立专司战略和投资决策功能的董事会,而将经营执行功能集中交给职业经理人组成的企业经理层来实施,以求决策与执行的均衡有效。显然,决策效率和执行效率既对速度有要求,也对质量有要求。决策的有效性应体现为决策正确、决策及时、决策先进、决策可执行等多个方面。执行的有效性则表现为按时按质按量完成各项生产经营任务,并为下一期运行做好准备。

第一节　大企业经营效率定律

将企业经营划分为决策和执行两个过程,企业的经营效率 S 就是决策效率 X 和执行效率 Y 的乘积: $S = XY$。通常,在一定时段内,同一企业的同一个董事会的决策效率会处在一定的水平上,因此 $X = C_1 > 0$, C_1 为定值;同样,在一定时段内,同一个经理层的执行效率也处在一定的水平上,故有 $Y = C_2 > 0$, C_2 为定值。这样一来,

$X + Y = C_1 + C_2 = C$，C 也为定值。

比较可见，企业的经营效率 S 与决策效率 X、执行效率 Y 的函数关系符合第一章所讲的和差与积原理的形式和条件：

$$S = XY，X > 0，Y > 0，且 X + Y = C，C 为定值 \qquad (11.1)$$

因此，按照和差与积原理，可以导出下述大企业经营效率定律：

大企业经营效率 S，将在企业决策效率 X 与执行效率 Y 两者相互背离时不断降低，而在两者相互趋同中不断提高，并在两者相等时达到最高。

同样，大企业经营效率定律的几何意义也可以用第一章中图 1-2 转换获得，如图 11-1 所示。

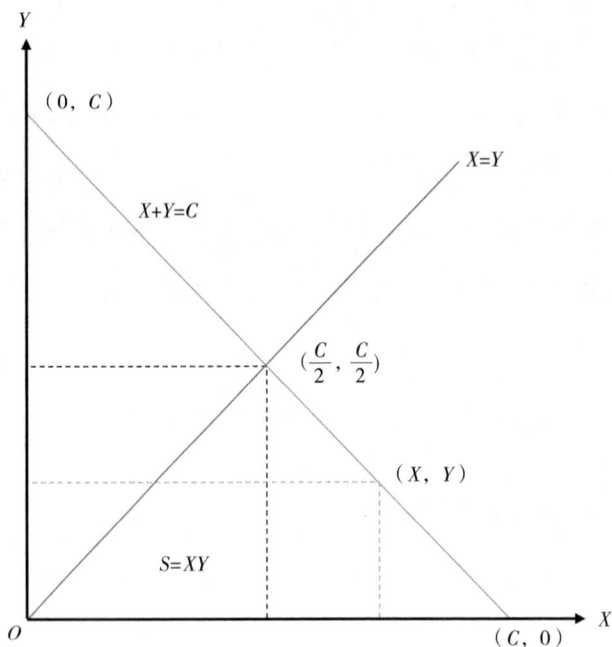

图 11-1　企业经营效率定律示意图

资料来源：由笔者整理。

在直线 $X + Y = C$ 上,当点 (X, Y) 向着背离中点 $(\dfrac{C}{2}, \dfrac{C}{2})$ 方向运动时,不管是向点 $(C, 0)$ 运动还是向点 $(0, C)$ 运动,都会扩大 X 与 Y 的差距,使矩形 S 变扁或变瘦,从而导致 S 逐渐缩小;而当点 (X, Y) 从点 $(C, 0)$ 或点 $(0, C)$ 朝着中点 $(\dfrac{C}{2}, \dfrac{C}{2})$ 相向运动时,X 与 Y 的差距不断缩小,矩形 S 变得越来越正方,S 因此不断增大;当企业经营状态点 (X, Y) 与中点 $(\dfrac{C}{2}, \dfrac{C}{2})$ 重合时,$X = Y = \dfrac{C}{2}$,矩形转变成正方形,S 取得最大值 $S = \dfrac{C^2}{4}$。

这条定律表明:大企业经营效率同时与企业决策效率和执行效率双向关联互动,提高企业经营效率要从决策效率和执行效率两方面实现均衡着手,而不能反其道而行之,只顾一头、有所偏颇。然而,现实中明白并自觉遵循这一道理的人并不多。很多人只关注单一因素,片面强调决策或执行的某一个方面,理所当然地认为决策效率越高或执行效率越高,经营效率就越高,对决策效率和执行效率以负相关性发挥作用时企业经营效率的变化规律缺乏科学的认识,理不清其间的道理,甚至得到了一些偏颇的结论。这正是本书要深入分析这一问题的原因。

第二节 对大企业经营效率定律的解读

上述大企业经营效率定律是从和差与积原理这一数学定理推导出来的,其正确性已无须求证,需要的是正确理解和灵活应用。当然,上述推导是针对一般情况下 $X+Y=C$ 的稳态展开的,对特殊情况下,比如董事会换届或经理层变动,应另行展开讨论。其实,人们对于点 $(0,C)$ 和点 $(C,0)$ 的极端情况是有清醒共识的。在点 $(0,C)$,$X=0$,即决策完全错误,此时,执行即使完全到位,企业经营效率 $S=XY$ 也为0。在点 $(C,0)$,$X=C$,$Y=0$,决策完全正确,但无法落地执行,或执行完全错误,当然也无法实现经营效率。大家对这些结论都非常认同。问题在于,人们通常不懂得点 (X,Y) 从线段 $X+Y=C$ 两端向其中点 $(\frac{C}{2},\frac{C}{2})$ 运动时 $S=XY$ 会不断增大的道理,把认识停顿在了两个端点上,没有学会联系地、运动地、全面地看问题。下面,我们来看应该如何根据和差与积原理在事物的运动和变化中观察和分析问题。

一、经营效率与决策效率、执行效率紧密关联

假设执行效率不变,只考察决策效率与经营效率的关系,当然会得出决策效率越高、经营效率越高的结论。同样,假设决策效率不变,只考察执行效率与经营效率的关系,也会得出执行效率越高、经营效率越高的结论。然而,一旦要同时考虑决策效率 X 和执行效率 Y 对企业经营效率 $S=XY$ 的共同影响,情况就会变得复杂起来。原因在于,X 与 Y 存在此消彼长的负相关关系:$X+Y=C$。决策要求越高,执行起来越难,即对 X 的过高追求会导致 Y 的迅速下降,进而导致企业经营效率 S 的下降。降低决策要求,迁就执行难度,执行效率会提高,但决策要求低于中值后,执行效率的提高弥补不了决策让步的损失,企业逐渐失去技术先进性和市场竞争力,也会使经营效率

$S = XY$ 出现下降。因此,对于大企业决策,既要讲决策的前瞻性,也要重视操作的可行性。要结合外部市场需要和企业内部能力综合决策,确保作出的决策技术不落后、市场会成长、资源有保证、执行能到位,善作善成,投一个成一个。那种攻其一点、不及其余、大成大败、不管长远的行为,是不适合大企业需要平稳持续发展的经营特征的。

笔者在参加几个中央企业集团的投资项目决策时,曾多次体验过这种决策和执行的强烈冲突。规模越大、技术越先进、产业链越全、越早占据重要市场,项目的综合竞争力越强。但与此同时,项目对建设资本金到位、能源资源保障、国家政策支持、环境关系协调、建设工期控制、市场风险防范等方面的要求也越高,项目执行难度和投资失败风险将会迅速增大。解决冲突的办法只能是按和差与积原理办事,实事求是,兼顾决策的先进性和执行的可行性,而不能主观偏好、固执己见、偏执一端。必要的时候,应分期推进,分散风险,逐步实现发展目标。中央企业董事会实行上级党委派出的外部董事占多数,且外部董事在董事会多数专门委员会中占主导,就是要在面对集团战略和投资等重大项目决策时,保持企业决策和执行的均衡性,以缓解企业管理层可能发生的内部人决策冲动。

二、多措并举,促进企业决策与执行效率的相向运动

兼顾决策先进性和执行可行性的具体方法就是促进两者的相向运动,让两方面越来越趋同,直到两者相等。对应图 11-1,就是要让点 (X,Y) 从线段 $X + Y = C$ 两端的点 $(0,C)$ 和点 $(C,0)$ 向其中点 $(\frac{C}{2},\frac{C}{2})$ 相向运动,从而不断推进 $S = XY$ 朝正方形变化,而切莫反过

来让点 (X, Y) 从中间朝两端运动,使矩形变得越来越扁窄,导致 S 越来越小。这就要求企业的董事会必须对经理层的执行能力和所决策项目的市场环境有充分的了解,把握好董事会决策事项的实施难度与经理层执行力的匹配关系,关注市场变化对项目执行的利弊,留有一定余地,并设置好合适的激励机制,让经理层能够"跳起来摘到桃子",经过努力能够完成任务。那种不顾内外部条件、一味只求决策目标先进的决策方法是错误的,会把企业经营带进狭窄的死胡同。即使偶尔成功,也并非长久之计,最后企业仍会难以持续健康发展。

大企业战略上追求基业长青,经营中务必稳抓稳打,行动上要"摸着石头过河"。董事会各方面决策都需要以上述原则为标准。制度影响生产力,但是制度决策不能走极端,不能只求制度先进,不管员工积极性。科技创造生产力,但对创新成功率不能有过高的要求,创新特别需要激励和容错,对创新的资源保障必须到位。成功率很高的创新往往是平凡的,并没有太大的价值。市场运营生产力,企业运营中充满着市场风险,要求风险处置行为高效。因此,董事会对成熟的经理层应当充分授权,使经理层能及时面对市场以变应变。以投资项目决策权看,成熟企业的董事会可以考虑将 80% 的项目决策权下放给董事长和经理层。这是因为,按照二八规律,要由董事会决策的前 20% 投资项目,通常会占据企业年度投资总额 80% 的投资额度。

总之,和差与积原理表明,大企业的董事会和经理层,应该高度重视决策和执行的均衡性。他们应该互知、互信、互动,保持相向而行的密切合作,切不可各自为政、背道而驰。董事会片面追求决策先进性,经理层片面强调执行可能性,董事会与经理层行为缺乏相向性,这些都不利于企业整体经营效率的提高,需要公司股东们及时地加以关注和协调。对于资产体量巨大的中央企业,则需要其出资人机构和企业的党委(党组)组织做好这种监督和协调,以动态保持决策与执行的效率均衡。那些认为"只要是投资就该董事会决策"和"投资决策权应该更多下放给经理层"的说法显然都是片面的。

第三节　企业经营决策与执行的三个案例

一、福特汽车以高薪强化执行力

1913 年,福特汽车建设汽车组装生产线,在提高劳动生产率的同时,也大大增加了员工的劳动强度。艺术家卓别林在电影《摩登时代》中用夸张的手法描述了这一幕。员工每天在生产线上工作 9 小时,却只拿到 2.5 美元的日工资,结果导致员工流失率高达 300%以上,花巨资建设的汽车组装线的生产效率并不能有效发挥。出现这种情况,显然不是企业生产线建设的决策有错误,而是组织执行方式没有随着生产方式的变化而及时作出必要的调整。为此,福特反复调研思考,并找来制造经理查尔斯·索伦森商议对策,接受了索伦森提出的大幅提高生产线上员工工资等建议。1914 年,福特决定作出三项改变:一是缩短工作时间,废除 9 小时工作制,实行 8 小时工作制。二是增加班次,生产线上由 2×9 小时两班倒改为 3×8 小时三班倒运行。三是大幅涨工资,日工资由 2.5 美元翻番至 5 美元。按传统观念,这些措施都将加大成本、降低利润、影响发展。但福特力排众议,坚持改变,结果成功解决了员工流失问题,调动了员工生产积极性,提高了劳动生产率,实现了生产线的高效率,最终靠规模经营降低了汽车成本,并有效地提高了员工及社会购车率,成功引发了美国的汽车消费革命。

翻番提高工资,却大幅降低了成本,应如何来解释?这个问题已有很多解读。按照和差与积原理来分析:高工资稳定了生产线运行,提高了生产过程执行力,释放了生产线的潜在产能。正确的生产线建设决策和强有力的制造执行相向互动,大幅提高了企业劳动生产率,从而使改变带来的利润增长数倍于工资总额的增长。流水线决策的先进性和高工资强化的执行力,共同推动了福特公司价值的最大化。进入创新发展时代的今天,人才成为最稀缺的资源。用各种政策和方法吸引人才、培养人才、使用人才、留住人才,让人才的执行力与国家、企业的战略决策需要相向互动,是个人、组织、地区或国家实现价值提升的必由之路。

二、中国电信的三维联动改革创新

企业内部活力不够足、资源配置效率不够高、市场竞争力不够强、经营效益不够好,是国企必须深化改革的理由。中国电信同样面临不断改革创新的任务。作为通信领域的高科技企业,中国电信需要按统一的大平台运作。作为同时为 5 亿多客户 24 小时提供即时通讯服务的企业,中国电信需要有千千万万贴近用户的服务小团队。因此,中国电信采用了"大平台+小团队"的组织方式。与之相伴,大平台和小团队的矛盾也就成为中国电信改革发展的主要矛盾。大平台的决策要准,小团队的执行效率要高,中国电信才能具有竞争力。在通信技术快速发展的时代,中央企业的决策科学相对有保障,市场化、数字化、国际化的发展方向已然明确。因此,如何通过提高小团队的服务效率来提高企业竞争力就成为矛盾的主要方面,而解决矛盾的关键是如何通过改革提高企业和员工的执行力。为此,从2013年起,中国电信向海尔集团学习,开始探索以激发人的活力为核心、以员工内部创业为抓手的改革之路,逐步形成了"划小承包、倒三角支撑、专业化运营"三维联动的改革发展模式。

首先是实行"划小承包"。逐步将原来按省、市、县划分的行政性分公司划小为近6万块小型经营"责任田",覆盖了城市、农村、商圈、社会各类实体以及政企用户群渠道,建立起清晰的区域市场,划小承包网格,采取竞争性选拔的方式选聘优秀承包人,发动机关和基层员工出任创新创业小CEO,进行内部员工责权利对等承包,推行团队成员双选,充分下放"用人权"、"绩效分配权"和"资源使用权",实行收入提成上不封顶和员工竞争性淘汰等市场化机制。"划小承包"成为员工创造价值的首选舞台,近20万名员工参与承包经营,1万多名管理部门人员下沉一线,基层员工的积极性被有效激发出来,创业激情高涨,企业经营服务水平大为提升,市场竞争力明显增强。

其次是搞好"倒三角支撑"。[①] 改革中涌现出来的几万名小CEO,要求越来越多的市场化运作自主权,倒逼中国电信集团改革原来的从上到下的资源配置方式,推动改革进入了第二步——"倒三角支撑"。为了使集团部门资源有力支撑一线小团队的市场化运作,中国电信按照顾客至上要求,将经营网格上的决策和执行机制颠

---

① 这是张瑞敏先生独创的人单合一管理模式中的运行机制。

倒过来,推行"一线围绕客户转、部门围绕一线转",建立面向小 CEO 的内部服务支撑平台,成立省、市两级综合服务支撑中心,配套开发"易问"信息化支持系统,为一线承包单元提供"一点接入、全程响应"的服务保障,将一线小 CEO 的需求直接连通至市、省甚至集团公司的派单通道,通过一线问题工单分析,倒逼管理及业务流程优化,推动各级管理部门从管理考核者向服务支撑者转变。

最后是强化"专业化运营"。一线的划小承包对二线的装维服务提出了新的要求。电信网络是运营标准统一规范而又技术进步很快的大平台;二线装维必须既专业规范又不断更新,并及时到位地对一线人员进行适时的技术指导和培训。一线划小改革后,二线也得随之划小重构为若干专业化运营团队,竞争性地为一线团队开展服务支持和业务培训,以服务支撑一线承包单元为前提,通过专业、专人、专事的方式,下基层、带队伍、送培训、给帮扶、做支撑,切实将运维专业条线工作从职能管理转变为面向一线的生产服务,达到为一线赋能、提升小 CEO 能力的目的。同时,清晰界定"属地主战"与"专业主建"的协同运作机制,推动纵向的专业化装维团队与横向的市、县公司联合作战。一方面,以小 CEO 团队的横向市场经营为主,行使考核激励、资源分配、渠道协同的职能;另一方面,以专业化装维团队的纵向赋能为主,组织落实网络渠道能力建设和提升的目标要求,推动营销宣传、渠道运营、集约活动、销售服务等动作的标准化与规范化,从而实现各渠道以及同渠道各专业间的资源共享、渠道协同。

七年多的实践证明,中国电信通过三维联动改革,提高了决策的精准度,调动了员工的积极性,强化了企业的执行力,提高了市场的竞争力,获得了优良的经营业绩。

三、中铝国际董事会严控高速公路建设项目规模

上述两个例子讲的都是在决策正确的情况下,通过有效提高执行力来提升企业经营成效,并围绕提高执行力来深刻改变决策方式的故事。下面,笔者讲一个企业在进入新的业务领域,执行力不可能快速达到高水平要求时,如何适度分解决策项目,适当降低决策要求,从而及时推进项目进展的故事。

2018 年,中铝国际乘中铝集团和云南省大力推进战略合作之势,与云南交投集团达成合作意向,拟以参股方式投资云南交投控股的国家高速公路建设项目——MY 高速,提请中铝集团董事会决策。当时,这个项目存在三个问题:一是尽管在矿山工程主业经营中建设过不少公路,但公路建设不是中铝集团和中铝国际的主业;二是项目投资规模巨大,中铝国际参与投资需大量借债;三是云南山高路险,安全和市场风险较大。决策过程中,中铝集团董事会及其专门委员会多次开会研讨该项目,并深入 MY 高速公路沿线地区实地调研考察,请中铝国际反复调整优化方案,最后形成决议:鉴于中铝国际正在转型发展,交通建设是其未来业务发展方向,此项目投资不会导致中铝集团非主业投资占比超年度投资计划规定,而项目控股方具有高速公路建设主业经验,因此董事会同意中铝国际在严格控制好各项风险的情况下参股投资该项目。

2019 年,云南省又组织开展省地高速公路网建设工程招标。中铝国际再次向集团董事会报告,申请一次性参与云南省 6 个地方高速公路项目建设。这给集团董事会带来巨大的决策压力:一方面,机

会难得,前期的 MY 高速建设进展顺利;另一方面,地方高速公路项目收益更低、风险更大,中铝国际同时在一个省区开展七条高速公路建设,风险显著集中。经反复沟通研究,董事会审计和风控专业委员会认为有必要适度分散风险,只同意参与建设条件相对较好的三个地方高速公路项目,缓议了另外三个项目。这一决策意见得到了中铝集团党组和经理班子的理解和尊重。中铝国际调整方案后,集团董事会及时开会,作出了只参股投资三个地方高速公路建设项目的决议。

这个项目是我参与中铝集团董事会决策的最后一个超 100 亿级投资项目。决策之后不久,全球暴发史无前例的新冠肺炎疫情,中美两国关系出现重大逆转,企业外部经营条件出现重大变化。行笔至此,2021 年 6 月底,我特致电中铝国际董事长询问项目进展情况,他告诉我,上述中铝集团已决策的四条高速公路项目仍在正常推进,另外三条中铝国际已决定不再参与。这给我带来了些许轻松。

第十二章　商场利润定律及其应用

从农耕时代的日中而市开始,古今中外的商家们总结了很多繁荣商业的历史经验。随着地理大发现和工业革命的推进,商品的市场半径迅速扩大,经济全球化逐步深入,商人们要与不同国家不同文化的供应商和消费者打交道做生意。近几十年来,随着互联网的发展,商业有了线上交易,催生了一个又一个电商平台,形成了林林总总的新零售方式,不断推动商业创新。但是,商业通过连接、互动和服务推动商品流通的功能并没有改变,商家在服务中追逐利润的本质也没有改变。

具体到一个商场,到底应该怎样经营才能实现利润最大化呢?对此,本章将根据和差与积原理,尝试给出一个一般性的答案。

第一节　商场利润定律

商业经营是一买一卖的交易过程。当市场需方的购物顾客数量一定的时候,商场利润取决于市场供方适销对路的商品数量(品类数量和单品销量);当市场供方商品数量充足保障的时候,商场利润取决于市场需方购物顾客的采购数量。首先要有商品上架,然后要有顾客买走,两步缺一不可。供需两端的商品和顾客对商场经营利润的形成具有同等重要的作用。设商品对商场利润的贡献率为 X、顾客对商场利润的贡献率为 Y，那么，根据过程总体效率为分步效率之积的道理，商场利润率 S 与 X、Y 之间的函数关系式就是 $S = XY$。显然，这里的 X、Y 通常都是正数，即 $0 < X < 1$，$0 < Y < 1$；而且，在一定时期一定半径的市场中，存在着 $X + Y = C$ 的关联，C 是一个与市场半径大小和顾客平均消费水平高低有关的定值，代表整个市场区域范围内的顾客在一定时期的潜在消费需求能力。一定时期内，市场上顾客的潜在消费能力是一定的，经商的使命就是要使商场经营最大限度地满足这个社会潜在消费需求，以实现自身利润最大化。

根据上述函数关系和变量关联可以看出，商场利润形成过程中的三个变量 S、X、Y 之间的相互关系完全符合和差与积原理的函数形式和条件：

$$S = XY，X > 0，Y > 0，X + Y = C，C 为定值 \tag{12.1}$$

因此，按照和差与积原理，可以直接导出下述商场利润定律：

商场利润率 S 将在商品对利润的贡献率 X 和顾客对利润的贡献率 Y 两者发生背离时降低，而在两者趋向均衡时提高，并在 $X = Y$ 时达到最高。

也就是说，商场利润最大化要靠商品供给和顾客消费两方面的均衡贡献来保障。组织厂商提供商品，动员顾客消费商品，搞好厂商和顾客的供需匹配，商场才能形成利润。商品与顾客作用均衡，物适其"主"，货畅其流，商场组织的商品恰好满足顾客的需要，商场平台上的商品流动和资金周转速度就都能实现最大化，从而推动商场利润的最大化。因此，商家开展商务，不能只追求顾客多、人气旺，也不能只追求厂家多、货品足，而应该追求供求平衡、有水快流，使自己成为高效连接供需双方、及时促成买卖交易的市场平台。沃尔玛等超市经营模式在全球的成功流行,奥妙正在于此。

第二节　不同形态市场的特点和效能

市场是商业交易展开的场所,既是连接厂商和消费者的渠道和平台,也是创造商业利润的地方。市场是进行商品交换、实现资本循环的关键要塞和风险关口。市场竞争既包含商品生产厂商的竞争,也包含商场与商场的竞争。商场利润的实现,既离不开消费者的信任,也离不开厂商的产品及其创新,更离不开商场对供需双方资源的高效配置。

厂商的商品和顾客的消费之间的交易要通过一定形态的市场来实现。不同时代有不同的交易方式,产生不同形态的市场。不同的市场形态具有不同的资源配置效率。厂商和消费者都要选择恰当的市场形态来为自己提供商业服务。商场更要与时俱进,深刻认识社会生产力的发展趋势,不断创新交易技术和交易模式,积极打造和用好新的市场形态,引导和促进厂商与顾客的交易与消费。

按笔者和格日勒图等在《领峰之观》(2019)一书中提出的观点,市场形态随着生产力发展而进化,不同形态的市场具有不同维度的交易效率和市场竞争力。从古至今,世界各国的市场形态主要有四种:离散型市场、链条型市场、平台型市场和分布式市场,它们的主要特点可简要分析如下。

一、离散型市场

在市场体系上,离散型市场的市场节点之间高度分散而互动较少。在离散型市场节点上,商家与厂商和顾客的联系多是随机偶遇的,没有多少普遍的共识,市场上有什么货,顾客就消费什么货。因此,离散型市场的商品不多、消费量不大、商场的配置能力也不强。从炎帝在自家门前台地上组织起日中而市的农贸市场开始算起,离散型市场已有4000多年历史。未来,这种市场形态虽然还会一直存在下去,但其完成的交易量占比将会越来越小。随着数字化社会的发展,为了更好地服务于厂商和消费者并壮大自己,离散型市场的一个个节点必然会分化转型,投身或加盟到各种线上的市场网络之中,融入线上线下相结合的新零售模式。

二、链条型市场

链条型市场又叫中心化市场。在市场体系下,链条型市场的特点是市场节点纵向分级并"一对一"联结成链,各链再与中心形成"多对一"连接,共同形成链条型企业的"一对一+多对一"运行机制。链上中心化共识与运行规则十分清晰,链间相互激烈竞争,没有或很少横向跨链互动。在市场节点上,链条型市场具有强烈的垄断性经营特点,市场节点都按规定持牌经营经过中心许可的产品。链条型市场的交易品多为标准化产品,品类不多但数量巨大,链上节点商场具有垄断性,门槛高、利润高、风险大。从公元1023年我国北宋发行交子纸币算起,链条型市场已有近1000年历史。股票市场是典型的链条型市场,从公元1602年荷兰为东印度公司发行并交易股票开始算起,股票市场也有400多年历史。链条型市场形态过去曾经广泛应用于商业批发领域。在进入信息时代后,由于商业批发经营模式下的顾客有限而又要逐级加价,商品批发市场竞争力已被逐渐弱化。

未来,链条型市场也许只能在需要持牌经营的金融领域存在下去,比如证券市场。

三、平台型市场

平台型市场的特点是众多厂商、顾客和监管者同处在商家打造的一个市场网络平台上。市场网络具有两级节点:一级节点上是平台提供方和监管者;二级节点上是作为平台市场主体的厂商、顾客和商场。在有些情况下,商场就是平台提供方。在平台市场上,各个二级节点与一级节点是"多对一"关系,一级节点提供平台服务并依法依规组织和监管各二级节点。二级节点之间是"多对多"关系,即二级节点上的厂商和顾客在平台的引导、保障和监督下彼此自主联系、相互交易,共同形成平台化市场体系的"多对一+多对多"运行机制。各种交易产品和消费者可以从任何一个市场节点进入交易平台网络快速完成交易,厂商和顾客的身份也可在网络上多对多的碰撞中随机发生变化,做得好的节点逐步壮大成为平台。因此,平台市场上的商品包罗万象,消费者的需求也非常多元,商场的经营可在交易收费很低的情况下依靠巨大流量形成规模利润。平台型市场是随着互联网发展而加快发展起来的,其历史还只有三十多年。依托互联网的支撑,平台型市场上各类商品的运动效率和成千上万顾客的消费行为效率同时达到了趋同于系统网络设置效率的状态。按照和差与积原理,平台型市场具有更高的市场整体效率。进入 21 世纪以来,当无数交易主体能够通过高效的信息网络在一个有统一监管的交易平台上有秩序地自主交易各类商品的时候,平台化市场与平台经济就不可阻挡地发展起来。我国每年"618""双十一"等时日,各电商平台不断刷新的日交易量水平,很好地展示出了基于互联网运行的平台市场所拥有的巨大潜力和能量。当然,大规模对应大风险,对这种具有一定垄断性的平台,政府一定要通过有效的市场监管来防控平台或厂商违规经营的风险。

四、分布式市场

理论上,在上述平台型市场网络中去掉作为市场中心节点的一级节点,整个市场体系只剩下在网络上"多对多"互联的一群市场节点,就产生了去中心化的分布式市场形态。问题在于,没有了政府对市场的监管力量,市场诚信怎样保证,市场监管怎样完成?答案是需要应用更加先进的区块链技术来记账存信。目前,尽管真正采用区块链技术的纯粹的分布式商业市场尚未落地,但其理念影响正越来越大。那些部分应用区块链理念的联盟链则已经有了相当程度的发展。笔者认为,现实中的市场运行都是有边界、有监管、有成本、有例外的(如自然灾害等情况),在全球范围内实行去中心化几乎不太可能。分布式市场必须解决好以下几个重要问题后才有可能得到健康发展:一是客观承认并切实处理好分布式理念与市场监管主体的关系;二是通过技术进步使区块链技术的应用成本低于移动互联网的运行成本;三是使区块链技术能够应对巨大自然灾害或发生战争等例外情形的考验;四是世界头号国家不再追求各种以自己为中心的国际治理机制的好处。如此看来,全球化的分布式商业市场应用还有很远的路要走,但这并不妨碍分布式市场模式和区块链技术的区域化、行业化、企业化运用。这是因为,区域化、行业化、企业化,就是一定形式的中心化。

　　市场形态是随着社会生产力的进步而变化的,不同形态的市场各有其用。由于社会生产生活方式的多样性,一种市场形态并不能全面替代另一种。但是,从上述市场发展历史的简要分析中可以看出,为与数字化社会的先进生产力相适应,在当前阶段,政府建设交易市场、商场打造营销网络、厂商和顾客选用市场渠道的重点都应该是交易效率趋同性最好的平台型市场。事实上,沃尔玛的超市、阿里巴巴的天猫、北京产权交易所的企业国有产权交易系统等,本质上都是线上线下紧密结合的平台型市场。进入移动互联网时代,在分布式市场处理好去中心化理念与政府监管的关系之前,只有基于移动互联网的平台型市场,才可以同时带来最多的厂商和商品,吸引最多的用户和顾客,并通过低成本促成最有效的供需互动,同时实现更好的市场治理和风险防控,从而形成更多更稳定的商业利润。可以预见,随着 5G 通信、物联网、大数据、联盟链和人工智能等技术的飞速发展,平台型市场必将在促进经济社会发展中发挥更大的作用。

第三节　如何做好商品创新与顾客服务的协同

　　一个好的商场或商业平台,应该如何引导和服务厂商的商品创新与顾客的消费升级? 传统的商业经营在这方面已经积累了大量经验。但是针对如何更好地实现厂商商品创新和顾客消费的均衡和协同这一问题,业界的讨论还相对较少。按照和差与积原理和商场利润定律,只有厂商商品对商场利润的贡献率 X 和顾客购买对商场利润的贡献率 Y 达到均衡时,商家利润率 S 才会最高。因此,这里有必要对如何实现厂商商品增长和顾客消费升级的相互均衡问题做些分析。

一、扩大商业平台的开放度

商场,从前店、后厂到超市、电商,无论是线上还是线下,都可视作由商家建立的一个商品交换系统。简单的系统只能为少数人提供简单的服务,那些能够充分调动厂商和顾客双方交易积极性的平台系统一定是能线上线下综合运行的复杂系统。显然,这个系统必须是开放的,才能形成良好的人流、物流、资金流、信息流,进而带来更大的商场利润。系统必须对各类厂商开放,才会有充足的货品可供交易;也必须对顾客充分开放,才会有大量顾客来商场这个平台交易;及时向顾客开放厂商的信息,才能方便顾客货比三家;必须让厂商知晓顾客的信息,才能使之及时搞好商品创新、提供上门服务,并获得用户要求改进产品的相关意见,甚至将用户发展成长期合作伙伴。平台型市场的半径越大,平台系统的开放性越好,参与交易的厂商和顾客才会越多,商场的商品交易量和周转速度才会越高,商场的利润才会越大。由于线下的市场半径总是有限的,商家要想进一步开放和扩大市场,就需要建设好线上交易平台,使之可以帮助众多小微厂商逐渐克服生产、交易中的障碍,并促进厂商的国际贸易业务得到不断拓展。当境内外的厂商和消费者越来越多地习惯于进出某个网络平台进行买卖交易时,这个平台的交易效率就会趋向最大化。

二、提高商业平台的竞争力

要想使众多厂商和顾客进入商场的交易平台有序交易,商场就必须抓住交易的主要矛盾,把握好商场运行的序参量。市场平台的序参量有多个,主要包括商场品牌、商品价格、顾客满意度等。其中,商场品牌是吸引顾客的重要因素,商品价格会影响批量顾客的比选,顾客满意度决定了顾客回头率和对商品与商场的口碑推广。商品品质因素可包括在商场品牌之中,即商品品质由商场作为首要责任人,商场要监督厂商严把产品品质关。商场位置、购物环境、配套服务、顾客参与等因素影响顾客的满意度,自然要求商场全方位为顾客做好各种服务。商品价格无疑是交换过程中最重要的序参量。折扣超市的发展、各种商品打折季中的顾客量大增、天猫"11·11"与京东"12·12"交易额的年年刷新,都已不容争议地证明了这一点。商场的竞争力最终要通过销售规模和周转率来表现,因此离不开强大的平台连接能力和物流配送能力。价格正是影响销售规模和周转率的最重要因素,是连接厂商和顾客的主要纽带。价格是商家市场平台综合竞争力的集中体现,当然也是商家利润的基本保障。因此,保持市场平台更高的运行效率、降低各项运营成本、恰当让利给顾客和厂商、保持厂商和顾客两方面利益和积极性的均衡度,使商场始终保有商品价格的市场竞争力,是保持商家利润持续提升的秘密和要旨。

三、增强商业平台的创新性

用扁担挑筐进货,用算盘巴拉算账,坐在店里等顾客上门买货,这是最早的商业形式。有了火车运输和电话通信等交通和通信技术支持,邮购和仓储俱乐部发展起来了;有了私人汽车以及条形码标识技术支撑,大超市、大卖场发展起来了;有了电脑应用和互联网等技术保障,跨区跨国连锁商场发展起来了;有了手机移动通信和二维码等技术应用,电商平台发展起来了;有了大数据和人工智能技术应用,共享经济发展起来了。用软件及服务做好厂商与顾客的连接和共识,一些几乎没有商务硬件的商家平台也能做成"独角兽"企业。

透过世界商业的创新发展历史可以看出,商业的本质是在连接、互动和服务中赢利。把厂商和顾客有效地连接起来,为其商品交易提供恰当的商业服务,在连接、互动和服务中创造价值、赢得利润、创新发展,这就是经商的本义。不了解商业的意义和独特作用,难以适应市场经济规律的要求。把顾客和厂商连接起来需要劳动,推动厂商和顾客互动需要投入,提高为厂商和顾客服务的能力需要创新,商业因在连接、互动和服务中以其创造性的劳动促进商品交换和要素流转而形成其价值。事实上,在商品生产的资本循环过程 $G \rightarrow W \rightarrow G'$ 中,$G \rightarrow W$ 和 $W \rightarrow G'$ 的商业运作占用的时间要远远大于 W 制造所占用的时间,且 $W \rightarrow G'$ 过程中作为产品的 W 还得完成"惊险的一跃"才能变成能带来利润的商品。W 制造中的社会必要劳动时间和商业运作效率密切相关,W 的价值离开商业劳作就难以最终实现。因此,应该肯定,商业运作既参与决定商品价格,也参与形成商品价值。经济社会的创新发展和全面推进,需要我们清醒地认识到,商业模式创新和科技创新、管理创新同等重要。

连接和计算始终是商业科技发展的前沿。世界商业的科技进步史说明,一方面,连接和计算技术不断改变商业模式和市场形态;另一方面,商业对连接和计算的需要也有力地促进了相关科学技术的发展。其原因正是商场利润定律所揭示的那样,商业价值最大化只能在厂商商品对利润的贡献率 X 与顾客消费对利润的贡献率 Y 相互均衡时才能实现。在这种情况下,货畅其流,物适其"主",平台中的商品流和资金流周转实现最佳状态。只有先进的连接技术,才能及时高效地将厂商和顾客联系起来。只有强大的计算能力,才能及时判断顾客的消费心理和消费需要。在这方面,条形码、二维码的创造和应用就是商业推动厂商和顾客有效互动的典型。没有条形码,超市的进销存系统就会立刻陷入混乱或低效,更不要谈效率最大化。没有二维码,移动支付及其支持的网上购物就不能高效分货品、分主体、分物流展开。现在,始于商业需要的条码技术的应用领域,早已超出商业,在工业、农业、金融业、科教文卫和社会管理各个领域获得了广泛应用,大放光彩。自2020年以来全球应对新冠肺炎病毒的过程中,二维码更是得到了史无前例的大规模应用,成为人们或宅或动都须臾不可缺少的生存工具。

当下,第四次工业革命正在到来。5G、北斗和物联网已大范围应用,"ABCD+"①等新科技风起云涌,其带来的连接和计算力量将远超3G、4G。它们对商业模式、商业技术的创新和改变必将比以往任何时候都更激烈。拥有最齐全产业、最众多厂商和最大本土顾客群体的中国市场必将比以往任何时候都更具有发展的机会和财富创造的能力。我国要紧紧抓住这一十分难得的历史机遇,自觉按照和差与积原理办事,充分调动各类厂商利用新兴科技加快创新发展,生产更多更好的商品以满足民众美好生活需要,通过强有力的供给侧结构性改革和高效的需求管理,更好地实现中国制造、中国商贸、中国经济的高质量发展。

①　A,即AI,人工智能,未来世界的大脑;B,即Blockchain,区块连,未来世界的形体;C,即Cloud,云计算,未来世界的心脏;D,即Data,大数据,未来世界的血液。

第十三章 企业管理中的集权、分权效率定律

企业经营管理中,科学的分工提高劳动效率,恰当的分权提高管理效率,必要的分利提高协同效率。母子企业的管理必须有好的集权、分权安排,这一观点已经有过众多的分析和论证,得到了业界普遍认可,成为企业和管理界的共识。本章另辟蹊径,借用和差与积原理来导出企业管理集权、分权效率定律,指明企业管理效率改进的方向,给出企业管理效率最大化条件,解释恰当的集权、分权可以提升企业管理效率,说明企业管理效率提升中需要坚持的几条原则。

第一节 企业管理中的集权、分权效率定律

企业管理需要深入生产经营的各个环节。如果把企业管理的权力视作一种资源,母子企业管理中的集权、分权问题也就是一个资源配置效率问题。若把企业管理权限划分为总部管理权和子公司管理权,设两者的管理效率分别为 X 和 Y ,则企业管理整体效率 S 是 X 和 Y 的乘积: $S = XY$ 。

通常情况下,在一定时期,比如一月、一季甚或一年内,由于组织

结构不变,管理人员不变,企业总部和子公司的管理效率 X 和 Y 都为正数且没有多大变化,函数 $S = XY$ 满足 $X > 0$、$Y > 0$,且 $X + Y = C$,C 为定值的条件。特殊情况下,出现了市场剧烈变化、企业结构重大调整或企业领导更新换代等事项,S、X、Y 都会出现大的变化。但经过一段时间运行后,$X > 0$、$Y > 0$,且 $X + Y = C$,C 为定值的条件仍会重新得到满足。因此,在正常运营中,母子企业管理整体效率 S 与总部管理效率 X 和子公司管理效率 Y 之间的关系,能够满足和差与积原理的函数形式和条件:

$$S = XY,\ X > 0,\ Y > 0,\ X + Y = C,\ C\ 为定值 \tag{13.1}$$

于是,根据和差与积原理,可以直接导出下述企业管理集权、分权效率定律:

企业管理的整体效率 S 将在总部和子企业管理效率 X 与 Y 两者相互背离时降低,而在两者趋向均衡时提高,并在两者相等时达到最高。

这条企业管理的集权、分权定律表明,在母子企业的管理过程中,不进行正确的集权、分权,片面追求总部管理效率 X 提高或单方面强调子公司管理效率 Y 提升,从而导致 X 与 Y 的差值扩大时,都会损害母子企业的整体管理效率。因此,母子企业管理中要严格控制总部管理效率与子公司管理效率两者之间差距的扩大。这条定律也表明,要想提高母子企业管理的整体效率 S,就得想方设法将总部管理效率 X 和子公司管理效率 Y 朝着相互趋同的方向调整,不断缩小 X 与 Y 两者之间的差距。因此,大力缩小总部管理效率 X 和子公司管理效率 Y 两者之间的差距,是有效提高母子企业整体管理效率的正确方向。这条定律还指明,当且仅当总部管理效率和子公司管理效率相等时,母子企业管理整体效率才能达到最高。即总部管理效率和子公司管理效率相等是母子企业管理最优的前提条件。因此,制订企业管理提升方案,设计管理优化路径,一定要以 $X = Y$ 为目标,紧密结合企业实际,有针对性地作出选择和安排。

当然,提升母子企业整体管理效率,除了不断优化集权、分权外,还应通过完善各类管理制度、及时提高管理者和员工的素质、不断完善企业管理信息化、大力提升员工执行力等手段,综合施策、全面优化、稳步推进。从和差与积原理上看,这相当于奋力争取每隔一段时间就有一个 $C = X + Y$ 的整体跃升,从而分台阶逐步提高企业管理总体效率,实现一个比一个更高的 $S_M = \dfrac{C_i^{\,2}}{4}$。

第二节　几个重要的推论

一、母子体制的企业管理效率通常高于总分体制

子公司是市场主体、法人企业,具有投资决策、选人用人、考核分配的法人权力,能自主经营、自负盈亏、自我约束、自我发展。分公司不是企业法人、不是独立的市场主体,没有独立的投资决策和薪酬分配权,诸项大事都得由总部审批。因此,子公司的运行效率 Y_{ZI} 通常要高于分公司的运行效率 Y_{FEN},即通常 $Y_{ZI} > Y_{FEN}$。与此同时,由于总分体制下总部管事更多更杂、负担更重,其总部运行效率通常也低于母子体制下的总部运行效率,即有 $X_{MU} > X_{ZONG}$。因此,$S_{MUZI} - S_{ZONGFEN} = X_{MU}Y_{ZI} - X_{ZONG}Y_{FEN} > 0$,即 $S_{MUZI} > S_{ZONGFEN}$。这说明了采用

母子体制的集团公司的管理效率理论上将高于采用总分公司体制的集团公司的管理效率。通常情况下,为了高效管理,企业集团公司更宜多采用母子公司体制。

现实中,我国绝大多数企业都是以母子企业体制为主,只有少数的企业集团采用总分体制。采用总分公司体制的情况通常有两种:一种是因其各地的区域公司发展很不平衡,高收入地区的税收不能与低收入地区的亏损对冲,需要统一清缴税收,因而采取总分体制;比如,南北市场份额差距较大的中国电信采用总分体制,而南北市场份额差距相对较小的中国移动则采取母子公司体制。另一种是因需要集中集团创新资源,统一组织科技攻关,而对集团中的科研机构采取分公司体制。

二、小总部、大业务有利于提升企业集团竞争力

按照母子企业集权、分权管理效率定律,集团企业的经营管理需要同步相向提升集团总部和各子公司的运行效率。而通常情况下,在总部和子公司效率矛盾运动的过程中,总部效率不高是矛盾的主要方面。因此,提升集团企业管理效率的办法,一是要加大对子企业的授权、放权力度,让子企业自主决定更多的经营事项,承担更多的运行权责。二是要大力减少总部职能部门及冗员,及时理顺总部管理职能,有效减少总部各部门之间的扯皮推诿,不断提高总部整体办事效率。三是要全面推进企业管理信息化和专业事务市场化。将管理信息化平台打造成企业全面高效运转与监控的基础设施,将战略研究、管理分析、改革推进、人员培训等专业事务交给专业管理中心管理,或择优选聘市场化第三方协同推进。显然,这三个方面都要求

将集团总部建设成为精简高效的小总部。越是生产经营多元化的企业,越需要这样做。

在这方面,保利集团的小总部建设取得了良好成效。保利集团现已形成以国际贸易、房地产开发、轻工领域研发和工程服务、工艺原材料及产品经营服务、文化艺术经营、民用爆炸物品产销及服务、信息与通讯技术、丝绸相关产业、金融业务等九大业务为主业的发展格局,业务遍布国内 100 余个城市及全球近 100 个国家。保利集团在完全竞争领域运作 15000 亿元资产,但总部只有 10 个部门,用员不到 100 人,总部人均运营资产超过 150 亿元。在这样的企业总部中,部门间常见的扯皮不见了,彼此合作成为所有人的共识与需求。与小总部建设相适应,保利集团集中力量加大业务重组,通过年复一年的分板块与同行业一流企业对标、立标、超标和创标,做好布局优化和结构调整,以资本的融投管收推动企业的优存劣汰,使集团公司各业务板块都成为所在行业领军企业,把集团与时俱进地打造成具有全球竞争力的世界一流企业。大疫之下的 2020 年,保利集团仍实现利润总额近 600 亿元,名列中央企业第九。

三、平台化机制有利于提升企业运行效率

从组织形态上讲,与市场形态相关联,现行的企业组织也大致可以分为离散化组织、中心化组织、平台化组织三大类,真正全球性去中心化的区块链组织尚未正式出现。离散化组织没有中心节点,各节点之间没有紧密的联系和互动。农业生产中村组农户的联产承包经营组织就是离散化组织。中心化组织的中心节点垄断资源配置权力,其他节点分别纵向串联成链进行生产经营,各条链与中心节点形

成"多对一"互动关系并在链间相互竞争资源。工业时代的传统生产制造型企业和金融企业通常采用这种组织形态。城市服务业特别是信息服务业的发展带动了平台化组织的发展。平台化组织中的节点之间,既有各节点与平台中心多对一的纵向互动,更有各节点之间多对多的横向互联,形成"多对一+多对多"的互动运行机制。互联网企业、物联网企业、新型制造类企业、产权交易机构等多采取这种平台化组织形式。

按照和差与积原理和企业管理集权、分权效率定律,集团效率 S 将在总部效率 X 与子公司效率 Y 相等时达到最高。显然,上述三种企业组织形态中,只有平台化组织最具有这种效率优势。平台化组织基于先进的互联网机制运行,组织结构高度扁平化,其节点之间纵横互联互通,既能在总部与子公司之间高效传递信息,又能大幅减少各个子公司之间的摩擦和内耗;既能满足总部对全局的实时动态监控需要,又能使小微子公司充满活力高效运转,从而有效提升全集团的运营效率、降低企业运营成本、提高其在市场中的综合竞争力。

第三节　提升企业管理整体效率的基本原则

根据和差与积原理和企业管理集权、分权效率定律,可以得到一些提升企业管理总体效率的基本原则,主要有以下几个方面。

一、狠抓固底板、补短板、强弱项

和差与积原理强调通过 X 与 Y 的均衡来实现 $S = XY$ 的做大,反映在企业管理中,就首先需要抓好固底板、补短板、强弱项工作。底板漏水,企业管理就无水平可言。这相当于 $X \to 0$ 或 $Y \to 0$ 导致 $S \to 0$ 的情形。要随时综合分析判断集团总部和子公司管理的具体情况,明确各项管理工作的底板规制,划出企业管理行为红线,确保管理底板扎实可靠,没有漏洞。短板不补,企业管理水平就不能提升。这相当于 X 与 Y 长短参差不齐、彼此差值较大的情形。要通过对标先进企业,及时发现企业自身的管理不善,有效调动各类资源,采取得力措施,尽快补齐短板,大幅提升企业管理水平。弱项不除,企业管理就风险难控。这相当于 X 或 Y 中存在一个或多个风险点的情况。要尽快完善企业章程和管理制度,严格执行各类管理标准,及时检查发现存在的问题,制定及时消除弱项的得力措施,加大弱项补强力度,有效化解各类风险。

二、抓住主要矛盾,解决核心问题

集权、分权就像坐跷跷板,任何母子企业都面临适度集权与恰当分权的管理需求,否则就会失去平衡,难以有效运转。权力更多集中于母公司,统一品牌、统一资源、统一指挥、统筹运作,有利于强化企业整体运行控制,但不利于子公司根据市场变化灵活运作。权力更多分放基层,有利于各子公司从实际出发,调动其主观能动性,充分发挥组织的特色与优势,抓住机遇,机动决策,落实责任,增强子公司经营活力,更好适应市场发展需要,但会对集团总体风险控制与协同发展带来挑战。为此,需要区别企业差异化的产业、市场、结构和文化等因素,适时适度地进行集权、分权,把握好母子公司管理权力的配置平衡。

比如,如果企业的主要矛盾是企业活力不能满足市场竞争的需要,则矛盾的主要方面可能在于母企业管得太多,放权不够、机制不活、激励不足。因此,需要加大放权力度,通过精减总部职能权力来提升总部管理效率;同时赋予子公司更多管理权限,使其工作负荷更加饱满而经营范围有所收敛。通过 X 与 Y 的相向运动,使两者的差值减小,从而实现 S 的提高。再如,如果企业的主要矛盾是资源分散导致竞争力不足、抗风险能力不够,则矛盾的主要方面可能在于子公司权力过大或总部实权太弱。"先有儿子后有老子"的母子公司或"一业独大"的企业集团常常容易出现这种状况。在这种情况下,就应及时有力地调增总部管理职能,控制主要子公司管理权限,直到与其子公司战略地位相称的程度。同时,要积极帮扶乃至重组困难子公司,通过 X 和 Y 的此长彼消,缩小两者之间的差值,提高集团公司的整体管理效率。

三、以管资本为主加强国资监管

2003 年之前,政府对国有企业的监管,在一定程度上类似于母子企业管理关系。各级政府是母公司,通过不同部门的"九龙治水"监管国有企业。其结果,市场不断变化,需要企业灵活因应,但政府"母公司"的权力责任边界却因"法无授权不可为"而不能随机调整,导致企业在市场中的应变能力不强,企业总体效益不好。2003 年,根据党的十六大精神,国家设立三级国有资产监督管理委员会,实行"三分开、三统一、三结合"的国资国企监管体制。[①] 从此,国有企业有了统一的出资人代表,其他政府部门对企业的行政性管理大幅减

---

① "三分开",即政企分开、政资分开、所有权与经营权分开;"三统一",即权利、责任和义务相统一;"三结合",即管资产与管人、管事相结合。

少,国有企业自主决策权限大幅提高,对市场的适应能力明显增强。市场竞争力提高,经济效益变好,国有企业发展进入快车道,获得了持续高速健康的发展。

随着市场化改革的深入,根据生产力发展的需要,企业国有产权的80%以上逐步进入了混合所有制企业,混合所有制经济成为我国基本经济制度的重要实现形式。这对国资监管方式改革提出了新的任务,要求国资监管从管企业为主转向以管资本为主。混合所有制企业是公有资本和非公有资本共同出资的企业,是独立于其公私股东的市场主体。无论是国资控股的混合企业还是国资参股的混合企业,其国有资本出资人都只拥有与自身出资额相对应的股东权利,而不再独自拥有这个混合所有制企业。因此,应该将国有企业和混合所有制企业的监管严格区别开来。对混合所有制企业,应探索建立有别于国有独资、全资公司的治理机制和监管制度。对国有资本不再绝对控股的混合所有制企业,应探索实施更加灵活高效的监管制度。对充分竞争领域的国家出资企业和国有资本运营公司出资企业,应探索将部分国有股权转化为优先股,强化国有资本收益功能。①

根据和差与积原理和企业管理集权、分权效率定律,可以预判,以管资本为主的改革,必将更加突出国资委作为国有资本出资人的主责主业,不断增强国资企业的活力与竞争力,有效推进混合所有制企业的自主发展。随着国资监管效率和企业管理效率的均衡提升,我国国有资本运营的整体效率和效益必将进一步提升,做强做优做大国有资本和国有企业的步伐将进一步加快。

① 中共中央　国务院《关于新时代加快完善社会主义市场经济体制的意见》,新华社2020年5月18日电。

第十四章　组织激励管理定律及相关分析

需要是人的本性,需求能丰富人生。需要和需求把人与社会普遍地联系起来,形成各种各样的人际关系和社会关联,使生产关系更加富有层次,民众生活更加丰富多彩。不断满足人们的各种需要是社会发展的根本任务,人民群众对美好生活的需要就是我们的奋斗目标。

企业在经营管理中必须科学认识员工需要,将企业目标与员工需要有机联系起来,用各种方法激励员工共同奋斗。本章在简略介绍西方企业激励管理理论的基础上,基于弗鲁姆期望公式,用和差与积原理导出了组织激励管理定律,并依其逻辑对如何在深化改革过程中搞好国企员工激励进行了分析,提出了几点建议。另外,本章讨论中批评了一些对弗鲁姆理论的不当解读,并对应用和差与积原理解读弗鲁姆理论中的一些数值的含义进行了猜测。不当和牵强之处,欢迎读者给予批评指正。

第一节　西方企业管理中的激励理论

企业管理的精髓在于调动人的积极性,有效利用资源创造价值。

因此,有效地激励员工成为企业管理的核心事项。

　　第二次世界大战后,美国成为最强超级大国,经济进入快速发展阶段。世界市场刺激企业大规模生产,企业需要充分调动起员工的生产经营积极性,因此,在企业管理方面集中产生了一大批激励管理理论。其中,既有内容型激励理论,又有过程型激励理论,还有行为后果型激励理论,以及将这三种激励理论结合起来的综合型激励理论。

　　内容型激励理论侧重关注激励对象产生被激励行为的前因,强调激励要不断满足人的需要。内容激励的主要理论包括马斯洛(1943)的五层次需求理论、赫茨伯格(1959)的双因素需要理论、麦克利兰(1950)的成就需要激励理论等。过程型激励理论侧重激励对象产生被激励行为的过程,重点研究激励对象从产生行为动机到采取实际行动的动态心理过程。过程型激励理论主要包括弗鲁姆(1964)的期望理论和洛克(1967)的目标激励理论等。在实践中,行为后果激励理论侧重关注激励行为的后果,重点分析对行为进行有效的反向激励的方式。这一理论的典型代表是斯金纳的强化理论。斯金纳(1904—1990)在传统行为研究的 S(刺激)$\to R$(反应)激励过程基础上,研究提出了 R(反应)$\to S$(刺激)的激励机制,关注行为结果自身给激励对象带来的刺激,明确指出激励会来自对行为后果的强化。

　　在上述激励理论中,弗鲁姆的期望理论相对数学化。本章我们就以此为切入点,应用和差与积原理对其作出一种新的解读。

第二节　弗鲁姆期望理论公式的一般性解读

　　上述激励理论产生的共同背景,从市场因素看是第二次世界大战后经济快速发展带来的企业管理需求;从科学技术角度看是心理学发展的积累及其与管理学、经济学的结合与交叉。他们本质是一致的,即肯定人的作用与贡献、重视调动人的积极性、探索针对人的科学激励。但关注重点有所不同:分别从侧重需求刺激 $S \to R$,到侧重行为过程 $S \rightleftharpoons R$,再到侧重后果强化 $R \to S$,反映出激励研究逐渐深入和拓宽的过程和特点,同时也为后来的综合性激励理论发展打下了基础。

弗鲁姆期望理论认为,人们采取某项行动的动力或激励力,取决于其对行动结果的价值评价和完成行为目标可能性的概率估计。只有当被激励者既看重行为目标及其价值,又认为有实现行为目标的可能性时,其行为才能得到好的激励。这可以用公式表示为:激励力量=效价×期望值,即 $M = VE$。式中,M 表示激励力量,是指调动被激励者积极性,激发其内部潜力的强度。V 表示效价,是指达到目标对于满足被激励者需要的价值。效价可正可负,也可为 0,其取值范围是 $[-1,1]$。E 是期望值,是被激励者根据自身经验判断其达到某种目标的可能性概率,取值范围是 $[0,1]$。

需要指出的是,20 世纪 40 年代至 60 年代,管理理论研究的样本还相对较小,研究方法仍以个人访谈和定性分析为主。在上述理论研究中,只有弗鲁姆期望理论提出了 $M = VE$ 这样一个形态比较完备的期望理论模型,给出了关于激励力量的数学公式。

对这个公式的解读,学界至今仍存在不少含混和错误之处。例如,国内一些大学教科书上说,弗鲁姆激励公式说明人的积极性被调动的程度与目标价值和期望概率有关,激励对象对目标价值看得越大,估计达到目标的概率越高,激励的力量就越大。还有些教科书进

一步指出,期望值与效价相结合有以下 5 种情况:

1. $M = E \times V$

（低）　（低）　（低）

2. $M = E \times V$

（低）　（高）　（低）

3. $M = E \times V$

（低）　（低）　（高）

4. $M = E \times V$

（中）　（中）　（中）

5. $M = E \times V$

（高）　（高）　（高）

笔者认为,上述两种说法是有待商榷的。原因在于这些说法没有考虑到效价与期望值两者的相关性。在现实生活中,目标的效价与完成目标的期望通常呈现负相关。效用越大的目标达成难度越大,成功概率越低,因此 V 与 E 不可能同高。反之,效用低的事没有挑战性,谁都能做到,其实现概率高,但效价小,缺乏激励力量,故也不存在 V 与 E 同低的情况。

我们应怎样更好地解读弗鲁姆的期望理论公式?本书探索展示一种基于和差与积原理的新方法,供大家分析批评。

第三节　弗鲁姆期望理论的图形表达

弗鲁姆期望理论公式 $M = VE$,与本书第一章介绍的和差与积原理函数式 $S = XY$ 同形。但是两者自变量的定义域不同,自变量间的关联关系也有待分析。因此,与前几章的情况有别,不能直接引用和差与积原理作出分析导出定律,而要先来讨论自变量的定义域和关联关系问题。

一、在自变量定义域的(0,1]阶段

在和差与积原理函数式 $S=XY$ 中,两个自变量的定义域是 $X>0,Y>0$。在 $M=VE$ 中,V 的定义域是 $-1\leq V\leq 1$,E 的定义域是 $0<E\leq 1$。因此,我们可以先讨论两个公式中各个自变量都分布在 $(0,1]$ 区间时的情形。

对 $M=VE$,当 $0<V\leq 1,0<E\leq 1$ 时,V 是正效价,M 是正激励,员工因对组织目标或效价政策感兴趣而受到激励。理论上,对某个具体的员工而言,在实施激励的过程中,通过深入细致的思想工作,员工的 V、E 值最终都可成为某个潜在而确定的正值,进而两者之和也是一个定值,即 $M=VE$ 满足 $V>0$、$E>0$,$V+E=k$,k 是定值的条件,于是,按照本书第一章对和差与积原理的几何意义的解析可以知道,$M=VE$ 相对于 V 的图像是开口向下的抛物线,其对称轴为直线 $V=\dfrac{1}{2}$,其顶点坐标是 $(\dfrac{1}{2},\dfrac{1}{4})$,即 M 在 $V=\dfrac{1}{2}$ 时有最大值 $M_M=\dfrac{1}{4}$。M 相对于 E 的变化情况也是这样。

二、自变量定义域在[-1,0]阶段

当 $-1\leq V\leq 0$ 时,$M=VE=-|VE|$,V 是负效价,M 是负激励,员工因对组织目标或效价政策反感而受到打击。从对称性分析看出,$M=-|VE|$ 相对于 V 的图像是开口向上的抛物线,其底点处 M 有最

小值 $M_M = -\dfrac{1}{4}$。于是,在函数 $M = VE$ 的整个定义域上,可以得出如图 14-1 所示的 $M = VE$ 中 M 相对于 V 的展开图像。而 $M = VE$ 中 M 相对于 E 的展开图只有第一象限的抛物线。

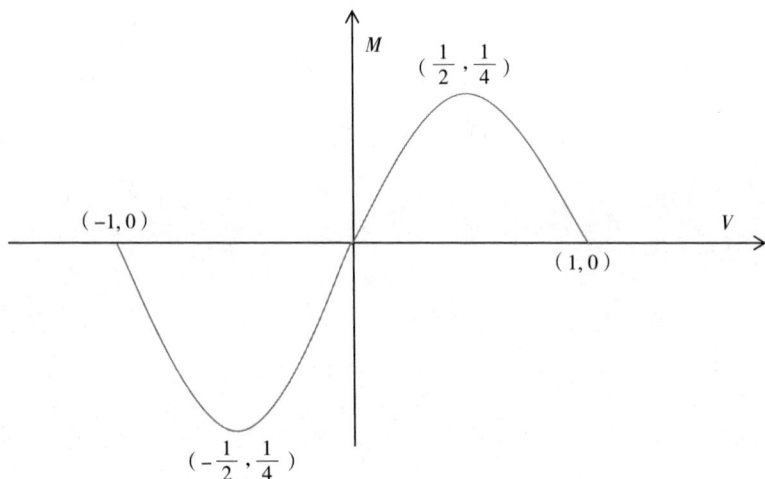

图 14-1　$M = VE$ 中 M 相对于 V 的图像

资料来源:由笔者整理。

第四节　组织激励管理定律

按照前述分析,在通常的正激励阶段,弗鲁姆公式符合和差与积原理的函数形式和条件:

$$M = VE, V > 0, E > 0, V + E = k, k \text{ 为定值} \tag{14.1}$$

因此,从和差与积原理可以直接导出下述基于弗鲁姆期望理论公式的组织激励管理定律:

在正向激励过程中,当激励的效价和期望值趋向背离时,组织的激励力量将减弱;当激励的效价和期望值趋向均衡时,组织的激励力量将增强;当激励的效价和期望值相等时,组织的激励力量将达到最大。

对负激励也可以作出类似的分析。上述的组织激励管理定律用数学原理求证了弗鲁姆期望理论公式,表达了很多与激励理论的传统表述一致的激励理念,同时又逻辑地给出了一些与传统激励理念不同的思想和方法。

一、组织管理中激励与约束应该对称

$M=VE$,V有正负。效价可正可负,表明其同时具有激励和约束功能,提示组织的管理者必须综合关注激励和约束,不可失之偏颇,只顾一头。图 14-1 表明,正激励和负激励是以坐标原点为对称的。在原点处,$V=0$,$M=0$。在 $0<V\leq1$ 区域,M 为正激励,最大激励力量出现在 $V=\dfrac{1}{2}$ 时,最大激励值为 $M_M=\dfrac{1}{4}$。在 $-1\leq V\leq0$ 区域,M 为负激励,最大负激励出现在 $V=-\dfrac{1}{2}$ 时,最大负激励值为 $M_M=-\dfrac{1}{4}$。这些数值表达的关联关系值得管理者深入分析和思考。正激励是对行为的激励和放大,负激励则是对行为的约束和抵制。在社会治理上,"徒善不足以为政,徒法不能以自行",因此需要将依法治国与以德治国有机结合起来。在企业管理中,对正激励要不断强化,对负激励要有效约束,在机器人大量应用的 AI 时代尤其如此。驱动机器人的人工智能应该既能自动强化正激励,又能不断完善负激励管理。员工对组织设定工作目标的效用判断,不是只在 $(0,1]$ 区间思考,而是

会在$[-1,1]$区间中盘算。员工获得的激励力量,不是在$(0,1)$区间中变化,而是在$[-\frac{1}{4},\frac{1}{4}]$区间中波动。企业在建立健全各种规章制度过程中,既要明确鼓励和支持什么,也要明确禁止或限制什么;既要能有效调动员工积极性,又要能切实防控各类经营风险。对于因信息不畅、交流培训不足等原因而在部分员工心中存在的负效价现象,要通过强有力的思想政治工作及时加以消除,推动相关员工转变观念、增强信心。对于必须禁止的个人行为,则要加大负效价警示、惩处并不断对其实施强化。必要时还应将这种负效价惩处与相关组织的领导和员工联系起来,设计出通过集体来限制不当行为的管理机制(如 HSE 管理①中的一票否决权机制),促使集体中其他人一起关注消极成员,带动其履职担当,积极做好相关工作。

二、激励过程中效用与期望值应该均衡

按照组织管理激励定律,当激励的效价和期望值相互背离时,激励力量就将减弱;当激励的效价和期望值相互趋同时,激励力量就将增强;当激励的效价和期望值相等时,激励力量将取得最大。如图 14-1 所示,最强激励 M_M 出现在抛物线顶点处,而顶点坐标 $V=\frac{1}{2}$,从而对应有 $E=\frac{1}{2}$。最强的激励力量不会出现在 $V>\frac{1}{2}$ 或者 $E>\frac{1}{2}$ 区域。这要求我们进一步思考 V 与 E 的此消彼长关联,放弃两者同大的追求,执两用中,细化完善目标设计,认真做好思政工作,促使被激励者

---

① HSE 管理:健康(Heath)、安全(Safety)、环境(Environrnent)管理体系。

对实现工作目标的效价和实现目标的可能性两方面的判断相互均衡起来。既不要只顾激励目标的组织需求而不管员工实现目标的可能，也不要一味以高报酬刺激员工去实现组织目标，而应实事求是地全面判断每个员工此时此刻完成任务的效价观与可能性。

三、激励力度要适可而止

由于 $V+E=k$ 的关联约束，V 与 E 此消彼长，为负相关变量。当 $V=E=\dfrac{1}{2}$ 时，$M=VE$ 有极大值 $M_M=\dfrac{1}{4}$。这几个数据应该如何理解，确是一个新的话题。笔者认为，V、E、M 本质上都是一个比率值，V 是效用比率，取值在 $[-1,1]$ 之间，E 是完成任务的概率，取值在 $(0,1)$ 之间，M 是激励能力水平的高低，取值在 $[-\dfrac{1}{4},\dfrac{1}{4}]$ 之间。对被激励者个人来说，激励的最佳状态是目标效用 V 和实现概率 E 对激励能力 M 各自正好作出了一半贡献，不偏不倚，既不是以低概率结合高效价，也不是以低效价结合高概率。对被激励群体而言，则应使半数人认为实现行为目标的效价和概率的安排是合适的，再由他们去对效价要求过高或行动信心不足的同事产生影响和带动，最大限度地形成利益和信心的集体共识。激励水平的最大值为 $\dfrac{1}{4}$，可能意指在企业管理中，用于人本激励的利润分配支出占企业可分配利润的比例最高为 25%。在现行的各种企业制度中，对人本激励水平最高的是有限合伙企业，其普通合伙人可在不投入股本的情况下，以人为本直接分取 20% 的企业利润。未来，在创新驱动的高质量发展新时期，企业制度将进一步朝着资本与人本双本结合的方向发展，有限合伙企业中普通合伙人的利润分配占比有可能进一步提高至 25%,以母基金方式运作的有限合伙企业更是如此。但凡事皆有度,本章对 $M=VE$ 极值的讨论也许说明,企业中人本分利的最高水平可能应以 25%作为上限。在公司制企业中实行员工项目跟投时,25%也许应作为员工跟投的最高比例。按照和差与积原理,人本与资本、个人与组织、企业与社会、积累与消费,都需统筹兼顾,不宜过度强调某一方面而忽视了其他方面。对负激励指标的设计,亦可采取相应的方法。对负激励相关责任人的惩罚指标,也可以项目赢利指标的 25%为限。这可能意味着,在组织管理中需要建立这样的观念:未能有效约束住的问题首先是组织的责任,然后才是相关个人应该承担的责任。

第五节　让激励理论跟上时代发展

与 20 世纪中期相比,当今世界已经发生了很大变化,客观上要求激励理论相应作出更多调整和优化。

第一是计算机、互联网特别是移动互联网带来的变化。生产数字化、管理信息化、营销网络化以及工具智能化,极大地改变了个人与组织的关系。通过市场的作用,善于创新的人们获得了更加全面有力的激励,而一般的普通员工则越来越依赖于企业、工会、系统和平台。这两类人群的价值观和期望值出现越来越大的差异。要求组织在实行分类激励的同时,更加注意加强系统和平台的稳定性。

第二是全球化带来的变化。跨国经营使企业成为全球市场网络上各种要素配置的节点和资源流转的平台,企业置身于不同的政治、经济、文化和法律环境之中,生存发展的状况快速变化,企业之间的竞争合作日益链条化、网络化、生态化,激励对象随之从企业内部转向围墙之外乃至全球,对企业市场化选人用人和薪酬激励带来更多的变化和挑战。

第三是企业制度更新带来的变化。纯粹资合的股份制在优化治理和创新驱动方面显得老态龙钟,经历革命之后的管理层激励与企业风控的平衡问题始终没有得到很好的解决。有限责任公司的人合机制发展缓慢,员工流动性强、资产流动性弱和大量企业短寿现象对施行激励机制带来重大影响。有限合伙企业则以占融资额2%的管理费包干、利润二八分配、有限合伙人以出资额为限承担有限责任、普通合伙人对企业债务承担无限责任的机制,大大提高了对企业管理人员的激励约束水平,但其对普通员工的激励如何优化,比如普通员工跟投制度如何完善和推广,还有待进一步探索创新。基于各类平台运行的小微企业的风起云涌发展,使独资企业制度在创新创业时代再显风光,但劳资之间分配和激励的老问题依然没有较好解决。

第四是中国的探索和实践。我国国有企业经过市场化改革、专业化监管和实行两个"一以贯之"的治理机制①,加快发展混合所有制经济,在全球市场上形成了风景这边独好的崭新局面。其间,国家和企业利益优先的传统文化和员工市场化激励机制的有机结合形成了富有中国特色的企业激励约束机制,推动了中国企业和中国经济的持续高速发展,引起世界各国的普遍关注。

基于弗鲁姆期望理论公式,本书经由和差与积原理导出的组织

---

① 习近平总书记在全国国有企业党的建设工作会议上强调,坚持党对国有企业的领导是重大政治原则,必须一以贯之;建立现代企业制度是国有企业改革的方向,也必须一以贯之。简称两个"一以贯之"。

激励管理定律,系统指出了效用和期望值相互运动过程中组织激励力量变化的内在规律,给组织管理提供了新的激励约束理论和行为边界原则,将有利于让激励跟上时代发展,在优化组织激励管理、增强企业发展活力、推动企业创新发展中发挥更好作用。

第六节　完善国有企业激励约束机制

怎样构建符合国有资本国有企业发展实际的激励机制,调动员工干事创业的积极性,提高企业活力和竞争力,一直是国有企业改革的难题,已列为国有企业改革三年行动方案中的重点工作。对此,笔者遵循和差与积原理要求,提出以下看法供大家参考。

一、重视国有企业激励约束的特点

激励链条长、激励主体多元是国有企业激励的特点。对产权属于全国人民的国有企业而言,激励主体和客体大致包括执政党、中央或地方政府、履行国有资产出资人职责的机构或部门、国有资本投资公司、运营公司及其他中央或省属企业集团、中央或省属企业的各级子企业、国有企业员工。执政党代表人民是终极激励主体,国有企业员工是终极激励客体。中间各级对下是激励主体,对上是激励客体,既需要上一级的各种激励赋能,又需要有资源、有办法、有能力激励好下一级。

企业的经济性激励林林总总,但大致可以分为奖励、分红、分利三种方式。奖励在成本中开支,不涉及企业产权制度变化,而是以工资、奖金、津贴、待遇等形式兑现,是私人企业、国有企业等独资企业最常用的激励方式。分红在利润中开支,属于产权激励范畴,涉及企业产权结构,员工因接受企业赠予股权或出资购买企业股权而成为企业股权持有人,成为代表自己经济利益的私人股东,以持有股权定期按比例分红,满足相关条件的股权可脱售变现。员工不经持股就能"以人为本"分取企业利润,在国有企业财务制度下不能实现,在产权混合的公司制股份制企业中也不能操作,但在有限合伙企业中却能依合伙企业法、合同法在合伙协议和经营合约中作出安排。为此,应在梳理现有相关政策的基础上,对国有企业激励链条和激励方式进行重构,按照建立世界一流企业目标和现代化、市场化、国际化、数字化发展方向,建立完善国有企业管理和国有资本运营的激励约束制度。

二、采用差异化的激励约束方式

在制定关于完善国有资本运营激励机制的办法时,要注重厘清企业制度与激励约束方式的关系,发挥好传统激励和产权激励的双重功能。

因国有企业规模巨大,市场运营周期性强,管理层能投入的私人股本较少,国有资产估值成本高且结果争议大,故不宜在需要保留国有独资制度的企业层面探索股权激励。国有资本投资公司、国有资本运营公司和产业集团等国有独资企业,仍要着重用好工资、奖金、津贴、福利待遇等不涉及国有产权变动的传统激励方式。事实上,只要严格按市场标准定奖并严格按奖励契约兑现,传统激励方式仍然具有强大的激励能力和良好的激励效果。

为延长激励时效,对国有资本与非公资本交叉持股相互融合形成的混合所有制企业,包括国资控股企业和国资参股企业,可以在传统激励的基础上,开展股权激励。对上市公司可实行股票期权激励或实施股票增值权计划;对非上市公司可加大股份期权激励力度,加快探索在增量投资过程中开展员工跟投。国有企业混改中实行员工持股的,宜分别组成科技人员、管理人员和一般员工持股平台作为混改企业的持股主体。同时注意,混改后不应由持股职工作为国有股股权代表,也不宜保留持股员工的国有企业职工身份和待遇。

值得强调的是,对国资控股企业的激励要切实按混合所有制企业对待而不能再按国有企业管理,否则,会出现将国有企业改制为混合所有制企业后仍按国有企业机制管人管事管资产现象,造成"体制改革而机制不变"的混而不改问题。

三、激励要以创新发展为重

现实中的多数国有企业在创新上存在资本不足、容错不够、激励不强、责任不清等方面的问题。实践证明,这些问题在国有独资企业制度和国资控股企业制度下解决起来较为繁难,而在有限合伙企业和国资参股公司中则具有更多灵活性。有限合伙企业不是法人,依合同法按合伙协议和业绩考核协议实行强激励和强约束,以融投管退的循环运行方式提高了资本回报,促进了资本形成;以8—10年的中长周期综合考核来包容失败,促进了创新;以对普通合伙人的2%管理费率和20%的分利比例以及与受资企业建立业绩承诺机制的方式形成了强大的激励与约束;以有限合伙人和普通合伙人分别对合伙企业债务承担有限责任和无限责任的形式来明晰和落实责任,增强了企业诚信。正因如此,有限合伙企业制度成为国内外近十几年来创新型企业普遍采用的企业制度。对于促进企业创新而言，如果说公司制是现代企业制度的话，有限合伙制就是当代企业制度。有限责任公司制强在形成资本，有限合伙制强在资本形成能力并不变弱的前提下强有力地激活了人本。因此，建议将有国有资本参与的有限合伙企业作为混合所有制企业对待，大力推进国有资本与有限合伙企业制度有机结合，在制度创新的基础上，推进科技创新、管理创新和商业模式创新，加强员工激励，提高企业活力，培育更多更好的世界一流企业。

第十五章　事业成功效率定律及相关探讨

事业成功是个人和组织的共同追求。怎样获取个人和组织成功，已有很多研究著述，以致近年来成功学成为一门热闹的学问。本章独辟蹊径，应用和差与积原理对事业成功作出新的分析。

第一节　事业成功效率定律

中国人自古以来就注重总结成功的经验。中国传统文化的经典《周易》就指出，"天行健，君子以自强不息；地势坤，君子以厚德载物"。强调成为君子要像天一样自强不息，要像地一样厚德载物。以深厚品德承载包容社会万物的人，才能成为社会栋梁；始终自强不息坚持进取的人，才最有可能成为时代英雄。因此，人应当像天地一样坚强而包容，在坚定勇敢团结奋进中走向成功！显然，坚强是强调成功的个人努力因素，包容则强调了成功的环境支持因素。成就伟业首先要看个人的素养和努力，继之要看环境的包容与支持。没有个人的刻苦奋斗就不会有事业成功，没有环境力量的必要支持，就不会有事业发展。而要想获得环境的包容支持，人就得主动融入社会、承载责任。因此，设事业成功效率为 S，其中个人因素带来的效率为

X,环境因素带来的效率为 Y,则按照过程总体效率为分步效率之积的道理,S 与 X、Y 有以下函数关系:

$S = XY$

在干事业过程中,由于个人处于积极向上状态,故通常总有 $X > 0$。正义的事业就是众人的事业,在环境中总会存在一定的包容支持力量,因此 $Y > 0$。而在每个具体的时间点上或一定的时间段内,个人因素贡献的效率和环境因素贡献的效率尚没有变化,因此其和也不会改变,即:

$X + Y = C$, C 为定值

于是,通过与第一章所述和差与积原理比较可知,事业成功效率 S 与个人因素效率 X、环境因素效率 Y 的函数关系满足和差与积原理的函数形式和条件:

$S = XY$, $X > 0, Y > 0$, $X + Y = C$, C 为定值 （15.1）

因此,根据和差与积原理,可以直接导出下述事业成功效率定律:

事业成功的效率会在来自个人因素贡献的效率和来自环境因素贡献的效率两者相互背离时降低,而在两者趋向均衡时提高,并在两者相等时达到最高。

请注意,根据这条事业成功效率定律,环境因素与个人因素对事业成功的贡献同等重要,而不是一个因素比另一个因素更重要！两者之间不能有所偏废,而应相互协同。当个人因素相对较弱时不要自卑,而应通过自身扎扎实实的学习实践不断提高干事成业的能力和效率。当环境因素暂时处于不利时,不要一味埋怨环境的不给力,而要融入社会深入群众,寻找到更多的理解和支持力量。当个人成

功因素相对有利时不能自满,要更加注重事业环境建设。当事业环境条件不错时不能骄傲,要更加自觉锤炼个人干成事业的内在实力。对有利成功的大平台要多方努力追求,对行业成功人士的学习追赶也一刻不能放松。这就是事业成功两大影响因素的相互关系,是每一个追求事业成功的人都要遵从的规律、都应谨记的道理。

与一般的成功学总是偏重强调个人的努力不同,通过和差与积原理得到的这条事业成功效率定律,强调事业成功须要个人努力奋斗与环境包容支持的均衡。因为 $S = XY$,在环境包容支持 Y 趋向于 0 时,即使个人因素效率 X 为 1,事业成功概率仍会趋向于零。反之亦然,没有事业主体自身的努力,再好的环境条件也不会有任何用处。特别需要向那些喜欢强调个人奋斗的人指出的是,一个人的时间和精力是有限的,其用于自身和环境的力量呈此消彼长状态,不能很好利用环境资源的人,其总体力量会被其自身力量所局限。即使是一个天赋极高的数学家,他也必须站在他人的肩膀上,才能活得更好、看得更远、想得更深、借用更多、成就更大。

当然,这条定律中的"个人"或者"君子",可以指个人,也可以指组织,比如家庭、企业、政党或国家。"环境"也具有一定的相对性,指代变了,相应的环境也就会发生变化。

第二节　事业成功两大影响因素均衡的要点

懂得了事业成功需要个人因素与环境因素均衡的道理,就应努力认识和积极探索实现这种均衡。市面上传统成功学或成功观对个人主观能动性的发挥已经有较多论述,导致了对个人因素的偏重或对环境因素的轻视。因此,在实践中,这种探索的重点就需要放在将环境因素对事业成功的效用问题上来,特别是要解决好如何实现个人成功与集体成功相互协同的问题。利用第一章图 1-2 来分析,需要探讨如何推动点 (X,Y) 向点 $(\frac{C}{2},\frac{C}{2})$ 运动,将 X 的贡献更多地转换为 Y 的成长,使 S 向正方形变化,稳步实现 $S=XY$ 的最大化。为此,至少须做好以下三个方面工作。

一、摆正个人位置

心中只有自己的人看不清环境中的资源及效用,也得不到环境对其事业的信息反馈。视成功为个人奋斗之结果的人不会追随或团结大家一起前进。纯粹追求一己成功之利的人甚至不惜损害他人的利益,将自己的成功建立在掠夺他人财富、破坏他人成功的基础上。这种人既不利于他人和集体的发展,也无法使自身的潜能充分调动出来。他缺乏自知之明,其作为群体性的人所拥有的互动才能难以得到发挥,不利于通过连接和碰撞学习他人的思想,难以借他山之石支撑自己的发展,容易成为智能时代的信息孤岛。他即使取得成功也只能是一维的,很难在群体成功的交相辉映中放射光芒、提升价值。而他抗击风险、坚持斗争的能力则局限在他个人能力之内,孤立而脆弱。他的事业可以由他自由地一次次开始,但路途上的困难却常常令他不得不一次次折返。因此,每个追求事业成功的人,一定要树立正确的世界观、价值观、人生观,把自己融进先进的组织平台中间去,正确对待他人和组织,在全心全意为人民服务中充分发挥自己的主观能动性,在组织和社会的需求中去有效地建功立业。

当然,若作为组织中的主要领导或企业家,摆正个人位置还意味着正确处理个人成功和组织成功的关系,以及在成功时如何对待成绩、在失败时如何担当责任等问题。一般而言,主要领导代表组织,以组织成功为最大成功,既善于论功行赏科学激励众人前进,又勇于主动承担因组织缺陷与不足导致工作失误的相关责任,从而不断增强组织的凝聚力和竞争力。

二、认识集体作用

个人因素之外的环境因素中,最重要的是人与人共同参与其中的集体。人是各种社会关系的总和,融入集体,在集体中发展,是取得伟大成就的根本原因。因此,认识集体的作用,对于取得事业成功至关重要。"独行快、众行远""团结就是力量""众人拾柴火焰高",很多这样的中外谚语表达了集体在事业发展中的重要性。众人齐步可以因产生共振而踩塌大桥,集体拔河中能同步发力的团队胜算更大。近些年来,我国"天眼"探空、"蛟龙"探海、神舟飞天、北斗组网、"嫦娥"奔月、天问号到访火星、宇宙空间站建成等众多重大工程项目的成功,更是体现出了集体力量的伟大。

个体组成集体。集体在保持个体力量的同时,又形成了属于集体独有的系统力量。集体的力量源于个体,更超越个体。"1+1>2","整体大于部分之和",心理学、管理学、系统科学等都给出了这样的结论。除了集体中成员加和的力量能够解决单个力量不能解决的数量问题之外,更为重要的是,集体组织成员之间的相互连接与互动,能产生大量的信息交互,并积累起来形成集体共识和集体智慧。这种成员连接和信息交互形成的集体智慧网络的价值,是该集体中成员节点数的平方。经由集体网络的大数据,更便于从中寻找和发现事物间的数理逻辑和必然联系,促进集体成员更好认识与把握相关事物的运行规律,形成共识合意、做好规划计划、提高执行效率,促进组织发展。世界是一个大宇宙,集体是一个中宇宙,每个成员是一个小宇宙。显然,这样的集体是越大越有力量的。这既是各国都要积极打造各种双边、多边组织的原因,也是共同建设人类命运共同体的意义所在。阴阳共存,三生万物,融合产生力量。提高事业成功率,不但要调动好每个成员的积极性,更需要发挥好集体的力量。为此,要培养集体主义文化,树立集体主义精神,持续增进集体共识,充分发挥集体智慧,不断提高集体的整体战斗力。

三、共享环境资源

获取事业成功,需要善假于物,营造和利用好环境生态。客观来说,个人的成功始终离不开客观环境的包容与支持。

环境是事业发展的基础,良好的环境就是强大的竞争力。农业生产依赖耕地和气候,工业生产需要能源交通通信网络,服务业发展离不开健全的基础设施和巨大的消费群体,数字化发展离不开新型基础设施的及时到位。因此,在农业现代化、新型工业化、城市化、信息化四化同步发展的时代,需要学会系统思维,准确把握个人和社会之间的位置,处理好保护与利用之间的关系,高效和节约利用各种生产要素,按照科学规律推进经济社会发展,用信息化、数字化、智慧化带动工业、农业、服务业的创新发展,做强做大数字产业,加快"一带一路"建设,促进各国之间资源的互联互通,加快打造人类命运共同体。

四化同步发展离不开人才,人才高效利用离不开良好的生态。只有在良好的自然生态和有序的社会生态中,各类人才才能更好地创新创业,走向成功。良好的自然生态是人才赖以生存的基础,优美的环境和清新的空气有助于科技人才大脑中的各种创新思维的形成和突破。良好的社会生态能使各类人才共享安全、共享资源、共享服务、共享发展。今天,共享经济正彻底改变着社会生产和消费,推动两者向高新产品创造与已有产品充分利用两个方面同步发展。社会既注重创新,也注重共享。可以期待,随着智能技术和共享经济的发展,个人获取事业成功的机会和概率必将进一步提高,走向成功过程中自身因素与环境因素的互相促进也将随之加强,四化同步发展的中国必将在持续创新中加快建成现代化强国。

第三节　在发挥和发展的均衡中促进青年成功

青年既是社会中坚,也是社会的希望。众多青年成功是整个社会成功的关键。按本章的分析,青年的成功包括两个方面:一方面是根据环境需要及时发挥好个人作用;另一方面是在环境的支持下通过学习实践获得个人的持续发展。处理好"发挥出来"和"发展下去"的关系,是每个青年获取成功需要处理好的主要矛盾。

1980年,笔者大学毕业后被分配到湖南省新晃汞矿高中毕业班教书时,就开始强烈地感受到了这一矛盾带来的冲击和困扰。当时,选择请假复习考研求得个人发展,还是安心教书帮助学生参加高考,对于笔者来说就是一个非常尖锐的矛盾。之后,伴随整个职业生涯的发展,类似的问题反复出现,迫使笔者不断思考如何作出恰当的选择。

按照由和差与积原理推导出的事业成功效率定律,事业成功在个人因素和环境因素的效用趋同时概率最大。因此,对广大青年而言,应该教育他们不要走极端之路,既不能只关注个人发展,而是要同时考虑环境的要求和影响,并对改善环境的事业尽职尽责;也不应只满足于现有的工作和生活,而不再坚持学习、发展和进步。社会各方要激励青年,既要使他们在现有环境中积极发挥作用、勇于承担责任,又要从严要求他们坚持学习以求不断进步。要让青年懂得,人生是一个过程。他人或集体的需要就是青年的现实价值,能满足现实环境需求就是一种事业成功,不能为了追求未来的发展而放弃现实的责任。同时,世界发展很快,未来社会还会对青年不断提出更多新的要求,因此青年必须坚持继续学习,不断地发展提升自己。

在高中教书期间遇到请假考研和尽职尽责教书的矛盾后,经过反复思考和斗争,笔者艰难地作出了一个决定:"充分发挥出来,尽力发展下去"。"充分发挥出来",就是强调要积极承担自己的社会责任和职业义务,厚德载物。"尽力发展下去",就是提醒自己要不断增长德识才学,自强不息。作为比那届高中毕业班学生只大六七岁的青年教师,我把"发挥出来"摆在了前面,同时认识到仍需继续坚持"发展下去"。那时正值"文化大革命"后恢复高考的前几年,是中国改革开放刚刚摸索上路的年代,社会发展有大量的事情需要有限的青年人才去努力完成。这样一个抉择让人安下心来,不放弃社会责任,不浪费任何时间,既随遇而安又无怨无悔地追随着时代洪流前行。差不多20年后,在即将跨入21世纪的时候,笔者才利用业余时间去中央党校念完了经管专业的研究生课程,了却了自己20年前读研的心愿。有趣的是,由于工作中应对事项众多,不断有机会接受各种考验,从而取得了一个又一个成果,使笔者在读研前已经被评为正高级工程师。其实,新中国一代代青年人都是这样,在党的领导下,投身于为人民服务的事业之中,随着时代发展,既实干奉献,又坚持学习,把发挥和发展有机结合起来,共同推进实现中华民族复兴的伟大中国梦。

古语云,"渊深而鱼生之,山深而兽往之"。人才在培养、使用和流动中升值。对青年所在组织而言,更应在事业成功的环境建设上下足功夫,精心搭建起具有强大吸引力的干事创业平台。要在号召青年为组织目标奋斗的同时,保持开放的胸怀,从大局需要角度看问题,充分关注青年员工的特长、兴趣、爱好、专长,为有个人学习发展需要和培养潜力的青年及时提供各种方便和支持。既可以引导他们进入本组织的创新发展平台,也可以送到本组织外更大的平台上去锻炼和发展。组织要勇于接受人才市场竞争的挑战,设计好人才培养的机制,建设好人才成长的生态,在组织中不断提高创新人才密度与创新思想浓度,让青年才俊在智慧碰撞中更好地燃烧青春火焰,释放出更强的光和热。

总之,个人在充分发挥才能奉献国家的同时要尽量发展,组织在事业环境建设上全力满足员工干事创业发展的需要,事业成功的个人因素和环境因素就能相向运动、有机协同,共同推动组织和个人按照和差与积原理的逻辑,取得一个又一个成功。

第十六章　从和差与积原理看生态
保护与发展的关系[①]

　　用数学模型解释生态环境领域的各种现象已经非常普遍。比较典型的是,将经济学家库兹涅茨研究收入分配状况和经济发展关系时提出的倒"U"型曲线应用于解释环境污染和经济发展之间的关系。尽管各界对此有多种质疑,但是它引发了各界对"高投入、高消耗、高污染"为特征的工业经济发展模式的反思。由此可以扩展到很多话题,比如应对气候变化、流域生态保护、自然保护地管理等。这些问题归根结底是由于保护和发展的矛盾并未得到妥善解决。本章尝试用和差与积原理来分析两者的关系,说明可以用和差与积原理来解释生态系统保护和发展的基本逻辑,并预判相关演变趋势。

第一节　保护与发展之间的辩证关系

　　生态环境保护和经济社会发展从根本上讲是有机统一、相辅相成的。为了满足人民日益增长的美好生活需要,国家需要从经济社

---

　　① 本章由王宇飞博士撰写。

175

会发展和生态环境保护总体上综合提高资源配置效率,有力保障生态安全。

设 X 为生态环境保护效率(以下简称保护效率),Y 为经济社会发展效率(以下简称发展效率),S 为生态环境保护和经济社会发展系统的总体效率(以下简称保护和发展系统的总体效率),则无论是先保护再发展,还是先发展再保护,都有 $S = XY$ 的函数关系,即保护和发展系统的总体效率是保护效率和发展效率两步效率的乘积。通常,当保护与发展之间呈现良性互动时,X、Y 均为正数。在一定的时期,比如一个年度中,一国或一地区的保护与发展效率是一定的,因而 X 与 Y 的和也是一定的,即有:$X + Y = C$,C 为定值。因此,通常情况下,S、X、Y 三者之间的函数关系是:

$$S = XY , X > 0, Y > 0, X + Y = C , C \text{ 为定值} \tag{16.1}$$

与第一章比较可知,这与和差与积原理的函数形式与条件一致。因此,根据和差与积原理,可以直接导出下述保护与发展关系定律:

生态系统保护和发展的总体效率,将在保护效率和发展效率两者相互背离时降低,而在两者趋向均衡时提升,并在两者相等时达到最高。

保护与发展关系定律的现实意义表现在以下几个方面:

在保护效率和发展效率相互背离时整体效率会降低,只发展不保护或者只保护不发展的问题要加快解决。大规模工业化导致的各种类型的污染、公害,是典型的只发展不保护模式。而只保护不发展,多发生在贫困山区或自然保护区等地。这两种情况,都从不同程度上过于强调其中一方,而损害了另外一方,结果反而导致粗放式的发展或者大量的生态环境破坏,最终经济社会发展的整体效率也受到了影响。

保护与发展趋同,才能推动整体效率提升。在保护与发展的博弈中,要努力寻找两者之间趋向均衡的路径和方法,推动经济社会从依靠资源要素投入、规模扩张的粗放发展模式逐渐向高质量绿色发展模式转变。趋向均衡的过程,既是满足人民群众收入水平提高的过程又是使生态环境更加美好的过程。

保护和发展水平主要取决于生产力发展水平。当经济社会发展出现阶段性变化时,就意味着 $C = X + Y$ 已经发生了跨越式变化(见图1-6)。由于 $S = \dfrac{C^2}{4}$,$C = X + Y$ 的变化必将改变 S 的状态,进而推动系统的总体效率在新的生产力水平上实现新的最大化。我国经济社会现正进入全面转型时期,生态文明是目标也是约束。我们要加快技术的创新进步,不断提升我国经济社会发展和生态环境保护的水平。

第二节　正确处理保护和发展之间的关系

讨论保护与发展之间的关系要放在特定的历史阶段或特定的区域才有意义。我国经济已经从高速增长阶段向高质量发展阶段转变,在这个阶段保护与发展的矛盾非常突出,并且不同的地区处在不同的发展阶段,保护和发展之间的矛盾也有其自身的特点,需要重视两者之间的协调。在这一过程中,按照和差与积原理,最佳的状态是推动 X 、Y 的均衡发展,并创造条件及时跃升到新的阶段。

一、更加科学的保护和更加绿色的发展理念

为了提高保护效率 X 的水平,需要正确认识自然生态系统与人

类社会之间的关系,树立尊重自然、顺应自然、保护自然的理念,按照科学规律办事,探索基于自然的解决方案,选取科学的保护理论以及多样化的保护措施。绿色发展要提高 Y 效率的水平,主要是将生态文明作为统筹"五位一体"总体布局的重要内容,要建立生态经济体系,推动产业生态化以及生态产业化。考虑各区域不同的资源禀赋和发展阶段等,不断通过技术创新、制度创新以及组织模式创新,提高资源使用效率,增加绿色资本。

二、保护发展之间的协同增效

所谓的协同,就是要增强 X、Y 之间的均衡性,从而不断增大 S 值,持续提高保护与发展系统的整体效率。从现实情况看,尤其要防止只发展不保护的情况。各地政府,要树立科学发展观,不能再盲目追求 GDP 增长,而应积极对待生态环境保护,为人民提供基本的生态安全保障。企业要有社会责任感,有底线思维,要发展清洁生产、循环经济。在这一过程中,也存在 S 借助于 X 或 Y 一方"增效",对应的实际情况,往往是 X 保持不变,而 Y 有所提高,形成一种帕累托改进。这是因为生态环境质量的改善是一个缓慢的过程,因此更多的是要在保障其不再变坏的前提下,率先提高经济发展的水平而后"反哺"生态保护。

三、保护与发展之间的互相促进

保护促进高质量发展,主要表现为保护成为发展的动力。较为典型的思路包括将生态资源通过市场化、价值化转化为生态产品;通过绿色金融等方式实现生态资源向生态资产转化,最终向生态资本转化,实现财富增加和积累;设立生态环境约束,大力转变发展方式,倒逼经济发展转型。发展"反哺"生态保护,主要表现为高质量的发展为生态保护提供资金,产业结构和生产技术的进步,推动污染物的减少、资源消耗的降低以及生态破坏的减少。经济发展水平提高全面带动人的生态保护意识的增加,促进更环保的生活和消费行为。

从和差与积原理看,当 X 与 Y 之间彼此相向运动、趋于均衡时,S 就会良性发展,并逐步积累资源推动 C 的跃升改变,形成保护和发展之间相互促进的最佳状态,生态环境保护纳入经济发展体系之内,带来经济效益,社会各界充分认识到生态环境保护的重要性,真正实现共抓大保护的状态。当然,这是经济社会发展的较高阶段,也是"绿水青山就是金山银山"中通过绿水青山变为金山银山的状态,对应全面发展生态经济、构建完善生态经济体系的过程。

第三节　保护与发展中矛盾处置的几个案例

一、不同发展阶段保护与发展之间的关系——应对气候变化角度

气候变化是地球上最重要的环境问题,主要表现为全球气候变暖、酸雨和臭氧层破坏。关于气候变化的成因,学术界一直有争议,但普遍来说各界更关注由于人类活动而改变大气组成的变化。特别是工业革命以后的人类活动,发达国家工业化过程中的经济活动引起的——化石燃料燃烧和毁林、土地利用变化等,进而导致大气温室气体浓度大幅增加,温室效应增强,引起全球气候变暖。气候变化相

关的研究多是建立在数学模型基础上的,这些模型非常复杂,并且模型的假设、研究的系统、关注的对象差异也较大。大部分的模型希望通过科学研究解释说明气候变化的趋势和影响等。但实际上,还是需要解释清楚气候变化和人类活动产生的碳排放之间的关系,才能影响各方决策。工业化开始以后,发展的速度远大于保护,尽管工业文明成果得以积累,但是冰川消融、极端气候、粮食减产、海平面上升、物种灭绝等的加剧给保护和发展带来了极大的风险。这就是典型的生态保护效率和经济发展效率不均衡的状态。

应对气候变化领域的主要矛盾一直在发生改变。20 世纪 70—80 年代,对气候变化的科学研究还刚刚起步,各界质疑较多。到 20 世纪 90 年代,各国普遍认为应对气候变化的背后是发展权益之争。国际合作推动了全球对气候保护的重视,各界逐渐认识到生态保护和经济发展需要均衡。2020 年后,国际社会普遍认同了保护的意义,多个国家将通过碳中和目标下的国家自主减排行动来改善发展,在追求保护发展均衡的状态中从全球层面来争取保护发展效率的最大化。和平年代下,X 和 Y 在通常情况下为正值。科学研究、国际合作、技术进步等多种要素推动了生态环境保护效率和经济发展效率的趋近趋同,全球合力有意识地引导保护和发展的效率向均衡化发展,以期实现社会资源利用效率最大化。

气候变化这一话题反映出现实生活中的事物往往是多要素、多目标、多主体、多阶段的。每一个阶段的主要矛盾有所差别,意味着保护和发展的具体表现形式不一,保护和发展的效率也各有不同。一旦事物的主要矛盾明确,当保护效率和发展效率之间的关系确定后,就可以通过和差与积原理或其他对应的数理关系探索其背后逻辑关系,进而有意识地引导其朝向预期目标发展。因此,要根据每个阶段主要矛盾的差别,采取不同的对策。在质疑阶段,要推动对保护的科学理解;在争论阶段,要更多地引导各方看到气候变化的严重影响;而在达成共识阶段,则需要加大力度来解决突破技术难题。

二、流域保护与发展之间的关系——黄河流域的高质量发展和生态保护

"善国者必先治水"。在我国,黄河的治理对经济社会发展的意义特别重大。"黄河流域生态保护和高质量发展"已经成为一项重大的国家战略,得到了各方的高度关注。高质量发展,是创新、协调、绿色、开放、共享的发展。黄河流域的高质量发展更多的是强调协调发展、绿色发展。协调的表现之一是既保障经济增长,又兼顾生态保护。绿色则突出表现为保护黄河水资源、水安全以及水生态系统。

黄河流域的高质量发展只能建立在良好的生态环境基础上,要将绿色发展理念融入高质量发展过程中。这意味着在黄河治理中尤其要考虑生态环境保护。沿黄河各地经济由高速增长阶段转向高质量发展阶段,生态保护和经济发展同等重要,要规避片面追求经济发展,而忽视生态环境保护的情况,尤其是要防止损害生态、排放污染等情况。这意味着 X、Y 需要均衡,才能促使 S 趋于最大。

和差与积原理的效率关系既适应于整体也适用于局部,于是产生子系统 (X_1, Y_1)、(X_2, Y_2) 以及 (X_N, Y_N),均遵循此规律。和差与积原理在分析系统的时候思路是类似的,只是需要找到不同系统差异化的矛盾。流域作为一个特殊的地理单元和空间,是一个非常复

杂的、有层次结构以及整体功能的复杂系统。整体上看,黄河流域生态环境本底脆弱,再加上人类的破坏性开发以及过度的干预,导致了黄河断流、水体污染、水生生物多样性持续降低等问题。因此,保护和发展的均衡需要系统性、整体性的治理,加大对黄河治理的投入以及对人类生产生活的管控。具体来说,黄河的上游、中游和下游特征不同,因此所面临的保护与矛盾也有差别。上游地区生态服务功能整体性退化;中游地区水土流失严重;下游滩区历史遗留问题多、管控不足,生态破坏问题屡禁不止;黄河三角洲自然湿地严重萎缩。不同的区域、系统保护和发展的关系有所差别,但是针对每一个区域来看,都应该通过努力使得生态保护和经济发展均衡提升。对症施策,上游以三水源涵养区为重点,采用了国家公园体制,实行最严格的保护,推进实施一批重大生态保护修复和建设工程。中游要突出抓好水土保持和污染治理。下游湿地生态系统则强调河流生态系统健康,提高生物多样性。保护的同时需要考虑发展,黄河流域 GDP 总量占北方地区的一半左右,在我国北方地区经济中的地位举足轻重。上中下游也应该选择差异化的发展模式,特别是对产业的选择。上游更适合发展农林等生态产业;中游目前需要发展绿色能源重化工业;下游则应关注可持续发展农业、制造业等。另外,一旦系统明确,无论是系统的整体还是系统的子部分,都需要考虑保护和发展之间的关系,努力追求保护和发展系统效率的最大化。

用和差与积原理来进一步解释,需要推动各局部 X_N、Y_N 均衡,获得极值 S_N,最终整体 S 为局部 S_N 均值,即保护和发展实现总体均衡。另外,各部分之间也需要均衡,即在系统 S_N 中,$S_1,S_2,\cdots,S_N$ 又都分别是一个子系统,S 也是子系统的均衡,即上中下游都要均衡发展。

三、区域范围保护与发展之间的关系——自然资源管理角度

自然保护地是一种常见的保护自然资源和生物多样性的政策工具,国内外都有较多应用。我国于 1956 年建立了第一个自然保护区后,陆续又建立了多种不同类型的保护地。其中,既有严格保护的自然保护区,也有允许一定程度开发的森林公园等。整体来说,自然保护地在自然资源保护管理角度发挥了重要的作用。自然保护地周边往往分布着大量的村庄。这类区域中保护和发展的矛盾非常突出,多是老少边穷地区,生态保护的任务重,经济基础等各方面都较为薄弱。近些年,社区经济发展的诉求日益增加,而严格的保护要求也限制了利用自然资源的方式,原有靠山吃山的发展模式已经难以为继。从发展角度看,随着西部大开发和乡村振兴等政策的实施,中央层面不断加大政策倾斜,希望通过不同类型的扶持政策,带动这类区域发展,推动公共服务均等化,缩小贫富差距。从保护角度看,随着生态文明制度改革的落实,自然保护地体系改革进展顺利,并且大量的财政转移支付用于生态补偿以促进生态保护和修复。但是,整体来看,保护和发展之间的矛盾并未彻底调和,并且除去保护地和社区之间,地方政府和管理机构之间在保护发展方面也往往持有不同态度。保护区和社区未来不同的发展路径,对应的是 X 和 Y 不同的函数表达。在一定的资源和利益分配前提下,当 X 偏大,保护为主,Y 呈现弱化状态,如果使 Y 值增大,则 X 偏小,也就是当以发展为主时,保护呈现弱化。在上述非均衡状态中,更多出现的是为追求经济利益而盲目开发建设,破坏了生态系统的完整性,并影响自然保护地的生态功能

和价值,最终反而影响社区自身的可持续性发展。如果要改变这样的状态,最直接的是调整 C 进而影响 S 值。C 的变化主要通过政策支持、资金扶持、技术改进、管理完善、制度创新等。这类区域 X 和 Y 在经济发展到一定阶段后也会发生变化,其标志是从最开始保护发展之间存在矛盾,到后来保护发展之间矛盾调和、均衡,并最终相互促进。中国农村从精准扶贫到乡村振兴的过程,就是 C 发生质变的过程。这个转变的根本驱动依托于中央政策的大力扶持。以和差与积原理分析,下一个阶段 $S = XY$ 的极大值状态,对应的是社区发展生态经济和社区获益于生态保护的价值均衡,通过保护创造经济价值,带动相关产业,逐渐寻找到经济发展和生态保护的内生动力的良好状态。一旦社区选择这样的发展模式和路径,C 值将呈现出逐渐增大的趋势,也就是社区富裕美好、环境优美的发展情景。

保护和发展的矛盾随着经济社会发展阶段的变化而不断地调整、转变,保护和发展矛盾的平衡也随着人类社会的进步、科技的发展以及人类对事物不断的认知而改变。可以说,这是一个逐渐地发现矛盾、认识矛盾、解决矛盾和利用矛盾的过程。从主要矛盾出发,保护和发展的矛盾在多个领域都有表现。上述几个生态环境保护领域的案例,从时间、空间、系统内外等不同角度用和差与积原理进行了解释,更多地强调辩证、均衡、协同思维的重要性。从这个角度来看,以数学原理为依据的研究方法,未来将会有更大的应用潜力。

第十七章　感染病毒死亡率定律与
抗疫方法讨论

2020 年年初以来，全球一直苦于新冠肺炎病毒的肆虐。按常理，世界各国应对病毒侵扰的科学体系应该是一样的。但是，从世界各国抗疫的表现来看，我们可以发现各国的立场、观点和应对措施都有很大的不同，连要不要戴口罩这么一个看起来非常简单的问题都达不成共识。为促进达成共识，减轻病毒危害，本章将以和差与积原理求证感染病毒死亡率最大化的理论条件，并据此给出抗击病毒中全球应该统一采取的预防控制和医疗救治措施。

第一节　感染病毒死亡率定律

由感染病毒引发的致死率主要受两个因素影响，分别是病毒的传染能力和病毒的致死能力。通常一场瘟疫的危害程度可以用其感染病毒死亡率 S 来表示：$S = \dfrac{因感染病毒致死人数}{人口总数}$。若病毒传染力弱，被其传染者不多，则染病率 X ($\dfrac{被病毒传染人数}{人口总数}$) 不高，难以形成大的瘟疫。若病毒致死力低,染病后死亡者有限,即病死率 Y ($\frac{\text{因感染病毒致死人数}}{\text{被病毒传染人数}}$) 不高,也不会形成大的流行病。

病毒只有进入宿体,才能杀伤宿体。病毒只有借助于宿体运动,才能大范围移动和传染。若宿体染病即死或染病后就不再运动,宿体失去运动能力,病毒就难以大面积传播开来,其祸害程度就很有限。当然,若宿体染病后可以不死,病毒的祸害程度也就不算大。狡猾的病毒会在致死力和传染力上形成一个平衡,让病毒找到的宿体不至于死得太快,以便通过宿体运动产生广泛的传播来传染和杀死更多的宿体。

由此可见,病毒危害人类的过程分为两步完成:第一步是使人染病;第二步是致人死亡。其中的数量关系是,感染病毒死亡率 S 是染病率 X 和病死率 Y 的乘积:$S = XY$。这是因为:

$$感染病毒死亡率\ S = \frac{\text{因感染病毒致死人数}}{\text{人口总数}}$$

$$= (\frac{\text{被病毒传染人数}}{\text{人口总数}}) \times (\frac{\text{因感染病毒致死人数}}{\text{被病毒传染人数}}) = XY$$

其中,$0 < X < 1, 0 < Y < 1$。对于同一时期的同一代病毒,其 X 与 Y 的理论值是一定的,即 $X + Y = C$,C 为定值。

比较可知,感染病毒死亡率 S 与染病率 X、病死率 Y 的函数关系完全符合和差与积原理的函数形式和条件:

$$S = XY, 0 < X < 1, 0 < Y < 1, X + Y = 1 \qquad (17.1)$$

于是,根据和差与积原理,我们可以直接导出下述感染病毒死亡率定律:

当染病率 X、病死率 Y 两者趋向背离时,感染病毒死亡率 S 就将下降;当染病率 X、病死率 Y 两者趋同时,感染病毒死亡率 S 就将升高;当染病率 X、病死率 Y 两者相等时,感染病毒死亡率 S 就会出现最高的峰值。

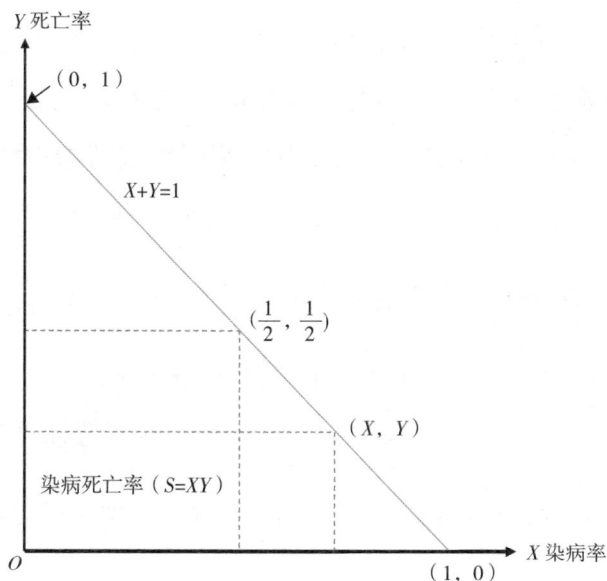

图 17-1　感染病毒死亡率定律示意图

资料来源:由笔者整理。

根据和差与积原理,这条定律可以用图 17-1 来表示。它清楚地显示,矩形 $S=XY$ 的面积将在动点 (X,Y) 向线段 $X+Y=1$ 的中点 $(\frac{1}{2},\frac{1}{2})$ 运动的过程中增大,而在其向这条线段的两个端点的点 $(1,0)$ 或点 $(0,1)$ 运动时逐渐减小。因此,在抗击病毒疫情中,为了严格控制感染病毒死亡率 S 增大,必须严防疫情向染病率和病死率均衡的局面发展。

根据图 17-1,还可以得到两条关于病毒疫情动态变化的推论:

推论一:在染病率大于病死率($X > Y$,即 $X > \dfrac{1}{2}$ 段)的时候,提高染病率或降低病死率将有利于降低感染病毒死亡率。对未感染病毒人群通过普遍接种病毒疫苗以抗疫的方法,正是通过主动提高染病率 X 使之趋近 100%,同时降低病死率 Y 使之趋近 0%,即通过接种疫苗等措施使点 (X,Y) 向右下方运动,使之趋近于点$(1,0)$,来实现染病死亡率 S 降低至趋近于 0。及时使用特效药物治疗则是将已感染患者病死率 Y 直接降低至趋近于 0 的另一种方法。

推论二:在染病率小于病死率的时候($X < Y$,即 $X < \dfrac{1}{2}$ 段),染病率降低或病死率提高将有利于降低感染病毒死亡率。这是因为,若人体不易染病或宿体染病即"死",病毒就难以传播开来,其对人类的危害程度就相对较低。这相当于点 (X,Y) 越过中点$\left(\dfrac{1}{2},\dfrac{1}{2}\right)$继续向左上方运动而趋近于点$(0,1)$时的情况。这里,自然状态的病死率提高,指没有做好疫情防治的情况下染病宿体死亡数量增加。在疫情防控中,人为主动的"病死率提高"则是指病毒感染者均被及时有效的隔离和治疗,从而使传染链上的带毒传播者有效受控而失去传染力的情况。此时,千方百计降低染病率 X ,及时发现和隔离已感染者,对所有感染者实行应收尽收、应隔尽隔,特别是对早期病毒携带者比如 0 号病人的及早发现、彻底隔离,正是符合推论二的逻辑要求的。在这方面,中国展示了举国体制的巨大优势,坚定地采取了强有力的措施控制病毒携带者;而西方特别是美国,则期待通过染病者自然死亡来控制疫情,显现了自由当先的文化和各自为政制度的沉重负面效果。

第二节　病毒疫情防控方法分析

　　根据上述分析,对抗病毒疫情,要重点做好两方面工作。首先是大力预防控制传染,切实降低染病率 X。其次是积极开展医治,有效降低病死率 Y。在此背景下,抗疫的主要战场有两个:一个在社区;另一个在病房。统筹打胜这种战争,需要执政党强大的领导力、政府权威的执行力、社会共识的家国文化、全体国民的共同参加。因此,这是一场综合性战争,而不仅仅只是医疗战、科技战、经济战。

一、控制病毒传播,降低病毒感染

　　第一,要能及时发现病毒。此次抗击新冠肺炎疫情的经验教训告诉我们,及时发现感染者是妥善应对、有效防控疫情的基础。这需要有健全的、直通的、专业的、独立的疫情监测机构,全天候对全国疫情实施监控;需要有先进的能对病毒进行高效识别的科学技术和强大的检测能力;需要有可以直接向国家相关政府部门报告疫情的信息平台和制度安排;同时还得建立起政府向社会、群众、国际卫生组织和其他国家披露疫情信息、组织疫情防控的制度和机制。

　　第二,要准确识别病毒传播途径。"五疫之至,皆向染易",瘟疫因易于感染流行而成灾。准确识别病毒的传播方式和传播途径,是对其实行封堵、阻断、隔离、消杀的前提。不同的病毒有不同的传播方式,不同的传播方式需要不同的防控办法。此番新冠肺炎疫情属于呼吸道传染病,主要有直接传播、接触传播、气溶胶传播三种方式。直接传播是指近距离直接吸入患者打喷嚏、咳嗽、说话的带毒飞沫导致新的感染。一般来说,飞沫传播的有效距离是1—2米。接触传播是指患者带毒飞沫先沉积在房门把手、电梯按钮、冷链物流设备等物品表面,接触污染人手之后,再接触其口腔、鼻腔、眼睛中的黏膜,导致新的感染。气溶胶传播是指患者细小的带毒飞沫先混合在空气中,形成气溶胶,再被他人吸入后形成新的感染。气溶胶传播距离最远可达10米。在相对封闭的环境中长时间暴露于高浓度气溶胶情况下存在经气溶胶传播的可能。由于在粪便及尿液中也分离到新型冠状病毒,因此还应注意粪便及尿液污染环境后造成的传播。

第三,要坚决切断传播渠道。针对不同的传播方式,要及时采取强有力的隔离、阻断措施。

(1)防止带毒飞沫直接传播,最重要的是严格保持一米以上的社交距离,所有人在公共场所都应戴口罩。这既是疫期自我防护的基本需要——戴上口罩防止他人带毒飞沫传给自己;也是对他人健康安全的必要尊重——防止自己在无症状感染的情况给他人带去传染的可能;更是直接防控感染者传播病毒最有效的措施。然而,这么简单的道理却并没有达成世界共识。习惯于集体利益优先的东方国家对此理解并赞同,一声令下,普遍实行,自觉照做。而以强调个人自由为上的西方国家就始终处于纠结心态,争来吵去,能不戴就不戴,结果病毒加快传播,造成普遍传染,推动形成一波又一波新冠肺炎病毒感染高潮,最后还得从"就是不戴"转向"不得不戴"。

(2)防止接触传播,最有效的办法就是勤洗手、严消毒。在这一点上,全球是有一致共识的,但穷国富国的条件和实力不同,具体表现也有很大差异。穷国因清洁卫生基础条件差而存在更多风险。在1000人以上才有一个厕所的100万人口数量级的贫民窟中,接触传播的问题就十分令人担忧。

（3）防止气溶胶传播,主要靠严禁在密闭空间中的社交聚会或大型活动,减少个人在密闭空间滞留的时间,做好通风换气,严格个人防护等措施。

（4）做好疫区各类人员的隔离管控。疫情期间,应对有症状人员及确诊患者的密切接触人员进行全面检测。对疑似人员实行应收尽收,应隔尽隔,逐一检测,并在确保转运安全前提下及时将患者分类转运至分类定点医院。对轻症、普通、重症、危重症患者应分院分区隔离管理,区别情况及时治疗。要严格控制并全程管理进入疫区的所有人员。疫区内部要实行严格的居家隔离等社区管理,同时要以精准高效的资源调度和社区服务保障被隔离人员的基本生活需求。对去过疫区的个人,必须按比病毒潜伏期时长更长的隔离观察时限实行严格的隔离观察。医护人员等相关参与方,都应严格做好病毒消杀和个人防护。对于新出现的区域性聚集性感染,要通过现代信息定位技术及时发现和隔离所有到过疫情暴发点的各类人员,严格筛查其中的无症状感染者和有症状感染者,并创造条件及时开展相关人员的实时全面检测。

（5）出现重大疫情的时候,要按国家重大灾害管理办法实行及时而强有力的封域管理。对医疗资源不足的疫区,要调集力量给予强有力的支持。其他地区也要分区分级对人员流动实行严格管理,出门必须戴口罩,严格保持社交距离,细致做好"内防渗透、外防扩散"。境外暴发严重疫情后,要加强对国际航班、轮船和海关管理,"外防渗透,内防反弹"。在国际疫情高峰期,要酌情对国际航班航船实行必要的禁航、限航管制。对国内国际航班较多的城市实行航班分流,以均衡城市间的抗疫资源配置。对来自疫情严重国家的冷链物流等,要及时开展全面监测检查。

二、及时展开治疗,挽救患者生命

对确诊患者实施及时科学的救治,提高治愈率,降低病亡率。在这方面,医院成为疫情防治的主战场,打的是整体战、实力战。新冠肺炎病毒致病,通常通过破坏患者自身的免疫系统,迅速加深患者肺部等器官的基础性疾病而致人死亡。西医中的抗菌素对病毒的治疗作用不明显,而中医药的治疗有效率已可高达99%以上。迄今为止,西方还只有少数几款治疗新冠肺炎病毒的有效药而没有公认的特效药。几款预防新冠肺炎病毒的疫苗也在2021年第一季度才开始在全球批量使用。中国抗疫的成功实践验证了感染病毒死亡率定律的理论判断。针对新冠肺炎等病毒疫情,一定要早诊早治、辨证施治、综合治疗。

第一,要做到早诊早治。新冠肺炎病毒治疗是一场保卫和破坏患者免疫力的激烈战斗。必须在早发现、早报告的基础上及时实施早隔离、早治疗。早期患者自身免疫力尚处在正常或基本正常状态,通过加强监测、及时收治、科学用药、增强营养、疏通压力、扶植正气、加强关怀、增强信心,在多数情况下,人体的免疫能力就可以得到及时提升,病毒的破坏力就可以得到有效压制,多数人的病情就会向着减轻的方向发展。因此,对传染性很强的新冠肺炎病毒患者,从早期开始就应坚决实行应隔尽隔、应收尽收、应检尽检、应治尽治。对每一个病人及其密切接触者实施信息化加红袖套的饱和式追踪①,把

---

① 现代化和传统方法相结合:电子网络检测+戴红袖套的人员检测。

每一个病人都及时找到,通过提高收治率和治愈率,切实降低感染率和病亡率。集中资源力量在疫情早期坚决把它防控住,竭力将抗疫局面尽力控制在靠近(1,0)点和(0,1)点的地方,正是中国抗疫成功的重要经验。尽早消除病毒是中国面对新冠肺炎病毒的明确态度。我们在很短的时间内实现扩大检测,通过"百分百发现、百分百阻断",有效抵抗并成功战胜了新冠肺炎病毒,将致死率降到了最低。无论是北京、新疆、吉林、大连还是石家庄、南京,通过"两个百分百",区域传播都在一个月内完成阻断,并成功实现动态清零,使中国社会进入了新冠肺炎疫情"'有'又'没有'"的量子态。[①] 在这种量子态下,中国形成了既高度重视疫情应对又及时复工复产的新局面,成为 2020 年大疫之中世界主要经济体中唯一实现正增长的国家,全年 GDP 增长 2.3%,为全球抗疫和经济社会稳定作出了巨大贡献。

第二,要搞好辨证施治、综合治疗。新冠肺炎是一种发展迅速的系统性、综合性疾病,不同的患者情况差异较大,同一患者的病情变化也很复杂。因此,面对新冠肺炎疫情,早期就需要通过望闻问切和各种检查获得患者病情资料,对患者反映出的一系列症状进行辨别分析与综合归纳,认识病位、病因、病机、病理,掌握病情发展趋势与邪正盛衰情况,针对不同症候采用相应的治疗方法,中西医结合潜方用药、治病救急,及时为患者提供强大的免疫能力。在此次抗击新冠肺炎病毒过程中,根据各地经验,我国先后产生了七版新冠肺炎诊疗方案,其中,中医中药的应用逐版增强。传统的中医中药在面对未知

---

① 澎湃新闻:《新冠病毒会灭绝吗? 张文宏最新判断:须具备 3 个条件》,https://www.thepaper.cn/newsDetail_forward_9064865。

的新型病毒时,表现出很好的疗效,再次用事实鲜明地对比和证明了辨证施治的中医药强大的生命力。

三、用好数字科技,提高抗疫效率

我国的抗疫实践证明,充分利用数字技术提升社会组织效能,是打赢疫情阻击战的重要基础之一。5G、云计算、大数据、人工智能等数字科技作为战疫中的硬核科技发挥出重大作用,有力提升了全社会数字化治理和服务能力。

第一,及时查明病毒基因,快速阻断传播风险。中国利用先进的数字科技,在很短的时间内,就查明了新冠病毒基因序列情况,并及时分享给全世界。2020 年 1 月 11 日,复旦大学张永振教授团队在 virologic.org 网站发布全球首个新型冠状病毒基因序列。1 月 12 日,国家卫健委领导的小组在全球共享流感病毒数据库 GISAID 发布了另外 5 个来自不同患者的病毒基因组序列。1 月 24 日,中国疾控中心成功分离出首株新型冠状病毒毒种。其信息及电镜照片、新型冠状病毒核酸检测引物和探针序列等均由国家病原微生物库权威发布,并向全球提供共享服务。这些及时高效的科研工作既为世界各国抗疫工作提供了科研基础,也使我国抗疫工作得以快速推进。在此番抗疫战斗中,数字技术应用于研究病毒传播机理、查明病毒传播途径,及时跟踪感染者及其密切接触人员、筛查无症状感染者,高效研判传播风险,支撑防控决策,发挥了极其重要的作用。

第二,科技赋能公共服务,全面优化资源配置。新冠肺炎疫情防控中,数字技术应用于各类资源的统筹协调,红外测温、物流快递、机器人、无人机、云监工①等在物资调配、民生供应、卫生防疫、应急协同等方面有效发挥作用,提高了资源配置效率,保障了危机应对和社会治理的需求。在此次疫情防控期间,数字化技术在科普宣传、政策咨询、远程医疗、在线教育、云上会议、心理关怀等方面大显身手。市民服务热线12345,特别是健康宝的高频应用,大大提高了公共服务效率,不仅在疫情期间有力地支撑了武汉封城和全国14亿人长时间静宅家中的社会需求,也为疫情后各地返城复工、社会恢复正常状态提供了基础保障。

第三节 组织好疫苗和特效药的科技攻关

打胜新冠肺炎疫情防控阻击战后,还要打赢疫情防控的总体战。总体战胜利最重要的标志,就是人类研发出针对新冠肺炎病毒的疫苗和特效药。疫苗带来抗体,使人能抗感染;特效药精准治疗,使染了病的人也可很快痊愈。在这个过程中,打的是科技战、人才战。

一、加快疫苗研发

如前所述,按照感染病毒死亡率定律及其推论,接种疫苗是通过主动地无害化的普遍接染来消除染病致死现象,即以100%的主动感染换取近乎0%的病死率。比如,国药集团、北京科兴中维公司最早研发出来的两款灭活疫苗,既能杀死病原微生物但仍又保持其免

---

① 云监工,网络流行词,来源于央视频道直播武汉开建的防治传染病医院火神山医院和雷神山医院的建设工地,网友们虽然不能到现场出把力,但也给自己加了一个身份:云监工,通过直播镜头去"监督"医院的建设进度。

疫性。它在生产过程中经过物理、化学处理等方法使病毒失去感染性和复制力，却又保留了病毒能引起人体免疫应答的活性，使接种过疫苗的人不再受到病毒的危害，或大大降低其危害。

疫苗对疫情防控至关重要，掌握了疫苗就拥有了疫情防控的主动权。为此，在这次应对新冠肺炎疫情中，我国按照 5 条技术路线，布局了 12 项研发任务。这 5 条技术路线包括灭活疫苗、重组蛋白疫苗、腺病毒载体疫苗、减毒流感病毒载体活疫苗和核酸疫苗。与此同时，美国、英国、俄罗斯也各有自产疫苗投入应用。

面对致死率很高的新冠肺炎病毒，主张实行不需疫苗接种保护也不必戴口罩的所谓"自然免疫"，已被多国证明为一个代价惨痛的严重错误。

二、新药研发与老药新用相结合

治病之药，既可以分为中药与西药，也可以分为老药与新药。按照和差与积原理可知，医治病毒既要使用西药，更要用好中药，大力做好中西医结合治疗；既要不断研发新药，也要重视老药新用。

在此次抗击新冠肺炎病毒过程中，特效西药至今尚未出现，仍然处于攻关状态。中药的应用则在中国各个阶段的新冠肺炎病毒治疗中大显神威，老药新用也在中美两国见到一些效果。截至 2021 年 1 月，我国新冠肺炎药物研发取得多项成果，医学专家们提出并修改完善了七版诊疗方案，患者治愈率从初期的 14% 提升到 99% 以上，已显示出很好的疗效。我国自主研发的可利霉素、阿兹夫定等四项新药在临床应用中取得良好的效果。在体外研究基础上，快速筛选出的磷酸氯喹、法匹拉韦等高效老药，也具有明显疗效。特别是在中药应用方面,以金花清感颗粒、莲花清瘟胶囊、血必净注射液、清肺排毒汤、化湿败毒汤和宣肺败毒汤为代表的"三方三药",在临床救治中发挥了重要的作用,大大降低了患者重症率和病死率。特别是清肺排毒汤,通过多成分、多环节、多靶点调控新冠肺炎病程,有效抑制体内毒素的产生,避免或延缓了炎症风暴的发生,治愈出院率高达99.28%,成为名副其实的新冠肺炎特效药。

第四节 用和差与积原理解读中医理论的科学性

中医中药在此番医治新冠肺炎患者中取得的良好成效,再一次有力地证实了中医中药的科学性和有效性。但是,西方大多数国家依然不相信中医是一门科学。为此,本节专门花费笔墨,用和差与积原理来解读中医阴阳平衡理论的科学性。

中医理论认为,阴阳者,天地之道也。阴阳产生于宇宙中日月星辰的互动,向阳为阳,背阳为阴。如自然中,日为阳,月为阴;天为阳,地为阴;昼为阳,夜为阴。对于人体系统,则头为阳,脚为阴;表为阳,里为阴;气为阳,血为阴;六腑为阳,五脏为阴。自然界是个大宇宙,人体系统是个小宇宙,自然和人体系统的稳定都有赖于阴阳平衡。系统的阴阳平衡就是阴阳双方的消长转化保持着协调稳定,不偏不衰,维持健康需因时因地因人而异地保持好人体系统的阴阳平衡。阴阳失去平衡后,人就会生病,就会表现出各种阴阳失衡的症状来。治疗疾病,要辨证施治,调整阴阳,以平为期。将人体系统区分为阴阳之后,设人体系统健康功能为 S,阴、阳双方对 S 的贡献率分别为

X、Y,则有 $S=XY$,$X>0$、$Y>0$、$X+Y=1$,即人体系统的阴阳关系符合和差与积原理的函数形式与条件。因此,根据和差与积原理,可以导出下述人体系统健康水平定律:

当阴阳趋向失衡时,人体健康水平下降;当阴阳趋于均衡时,人体健康水平提升;当阴阳达到平衡时,人体健康水平最高。

根据本书第一章对和差与积原理的几何意义分析,如图 17-2 所示,以 X 轴代表阴对人体系统健康功能 S 贡献的大小,以 Y 轴表示阳对人体系统健康功能 S 贡献的大小,那么,平面上每一个点都落在 X、Y 构成的平面坐标系中,使每个点都有确定的阴阳坐标值 (X,Y)。直线 $X+Y=1$ 是阴阳合二为一线,这条线上阴阳等值消长,始终保持 X 与 Y 的合二为一。$X=Y$ 则是阴阳平衡线,这条线上的每一个点都是阴阳等值的。由于点 $(\frac{1}{2},\frac{1}{2})$ 既满足 $X+Y=1$,又满足 $X=Y$,因此它是两条直线的交集。在这个交叉点上,既维持着阴阳分而平衡,又实现了阴阳合二为一。因此,这个点可称为中点或中和之点。这一点代表的生理状态正是中医学认为的人体健康水平的最佳状态。

如图 17-2 所示,当人体状态维持在中和之点附近的圆形区域内变化时,由于 $X=Y$ 和 $X+Y=1$ 的共同作用,人体会自我保持阴阳基本平衡的状态,体温、脉搏、血压、血氧等都可以在一定范围内波动而不影响健康。当 X 从 $X=\frac{1}{2}$ 处产生增大(阴盛)向右冲动时,直线 $X=Y$ 和 $X+Y=1$ 会产生向左的力量阻挡这种 X 增大的右向移动。当 X 从 $X=\frac{1}{2}$ 处产生减小(阴衰)向左冲动时,直线 $X=Y$ 和 $X+Y=1$

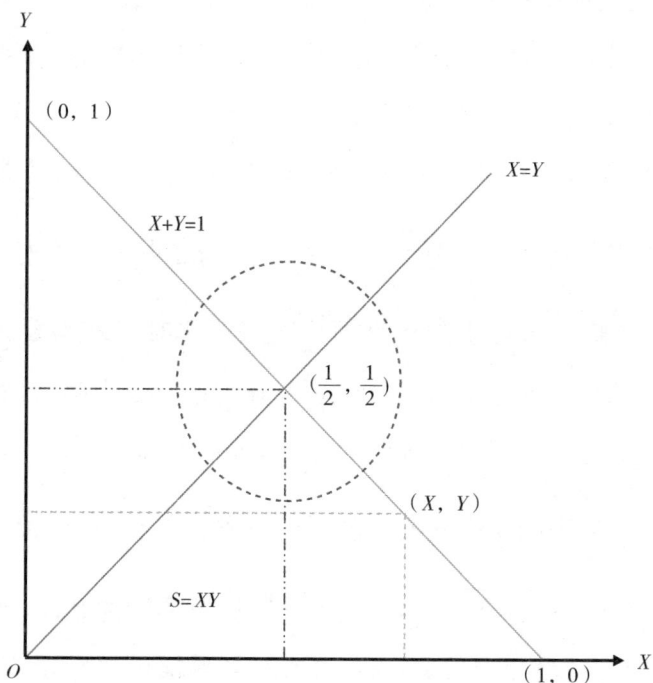

图 17-2　人体系统的阴阳平衡过程

资料来源：由王宇飞作图，笔者整理。

会产生向右的力量阻挡这种 X 减小的向左移动。同样，当 Y 从 $Y=\dfrac{1}{2}$ 产生增大（阳盛）向上冲动时，直线 $X=Y$ 和 $X+Y=1$ 会产生向下的力量阻挡这种上冲。当 Y 从 $Y=\dfrac{1}{2}$ 产生减小（阳衰）向下冲动时，直线 $X=Y$ 和 $X+Y=1$ 会产生向上的力量阻挡这种下滑。其结果，在 $X=Y$ 和 $X+Y=1$ 的阻挡能力强于 X 或 Y 的增减冲动能力时，中点引力得胜，阴阳冲力将被控制，系统状态基本维持在 $X=Y=\dfrac{1}{2}$ 的中性状态。在这种情况下，不用打针吃药，只需休息或增加些营养，人体免疫系统就能使所染疾病被控制或好转。中医强调的"治未病",就是要抓住这个时点及其之前的时段来加强预防和保养,在身体尚未明显失去阴阳平衡时及时防病治病。而当 $X = Y$ 和 $X + Y = 1$ 的阻挡能力敌不住 X 或 Y 的阴阳冲动能力时,中点引力不足以维持住阴阳平衡,身体状态就会离开 $X = Y = \dfrac{1}{2}$ 这个中和之点一定距离而走出圆圈之外,并表现出各种阴阳盛衰的病况来。这时候就需要采取有针对性的医学治疗,辨证施治,扶正驱邪,及时适量合理膳食用药,寒者热之、热者寒之、实者泻之、虚者补之,逐步使生命系统重归圆内,回到 $X = Y = \dfrac{1}{2}$ 的阴阳平衡状态,及时恢复健康。对于那些因外力或内毒攻击使身体状态远离中点而不易回归阴阳平衡的状况,则必须加大医治力度,及时"刮骨疗毒",大力消除各种横生之败毒,在医药外力及时有效的帮助下来重建身体的阴阳平衡。

需要强调的是,在治病康复过程中,中医"以平为期"的重要思想也可以用和差与积原理来解释。本书第一章在分析 S 随 X 变化的过程中指出,S 相对于 X 的图形是一条开口向下的抛物线。在 $X < \dfrac{1}{2}$ 时,S 随 X 增大而增大,并在 $X = \dfrac{1}{2}$ 时取得最大。此后,S 将随 X 的增大而减小。对应到中医,在调整阴阳过程中,寒者热之、热者寒之、实者泻之、虚者补之都必须有度。否则,过中则反,过犹不及,超过阴阳平衡点,就会失去最佳健康状态。现在社会上关于医食之中"用什么补什么"的声音很大,但怎么补、补多少、何时停的声音却很难听到。通过望闻问切深刻判断病因病理并辨证施治、合理用药、综合调理,现在还只能在有长期就诊经验的中医师那里才能很好

实现。由此可见,在以平为期方面,中医药学的现代化还有很多工作要做。

综上所述,中医是一门讲究阴阳动态平衡的"中和之医",而和差与积原理可以作为用数学原理解释这种阴阳动态平衡的科学依据。这样一来,中医的阴阳平衡不但可以用中国特色的传统医学理论和广泛持久的实践历史进行独特解释,也能用代数和几何原理来作出其科学性的一般解释,从而有力回应欧美各界对中医是否科学的质疑,助力中医更好地服务于人类命运共同体建设。

第十八章　国家安全效能水平
定律及其作用机制

当今世界,国家安全的根本威胁主要来自两个方面:战争与自然灾害。为保障国家安全,需要建设形成强大的军事安全力量与非军事安全力量,并切实做好这两种力量的效能均衡。

第一节　军事安全与非军事安全的效能关系

国家安全总体上涉及政治、军事、经济、科技、文化、社会、国土、资源、网信、生态、生物、核安全等方面。每一类安全都具有其独特功能,相互之间紧密联系成为一个整体。"国家大柄,莫重于兵"。① 在上述 12 大类安全中,军队是国家安全、政权稳定、社会平安、人民幸福的保障力量。按国家安全治理是否涉及军队或战争划分,国家安全可以分为军事安全和非军事安全两大类。因此,贯彻落实国家总体安全观,需要做好军事安全和非军事安全各方面工作,既重视外部安全,又重视内部安全。对内求发展、求变革、求稳定,建设平安中

---

① 转引自《明史·田大益传》,意指国家大权没有比军队更重要的。

国;对外求和平、求合作、求共赢,建设人类命运共同体。

国家安全既离不开军事安全力量的保障,也离不开非军事安全力量的支撑。两种力量同等重要,共同作用,缺一不可。两种力量都是正能量,并在资源占用上合二为一,此消彼长,互为补集。国家年度安全资源配置过程,也可分为军事安全和非军事安全两步来安排。若以 S 代表国家总体安全效能水平, X 代表军事安全效能, Y 代表非军事安全效能,那么, S 与 X 、 Y 的函数关系式就是 $S = XY$,且有 $X > 0$ 、 $Y > 0$, $X + Y = C$, C 为一国潜在的总体安全能力,在一定时点或时段内, C 是个定值。由于国家安全能力涉及方方面面,国家安全水平和 GDP 关联密切, C 在一定意义上可用 GDP 的世界占比来表征。按本书第一章和差与积原理,国家总体安全效能水平 S 与军事安全效能 X 、非军事安全效能 Y 三者之间的数量关系满足和差与积原理所要求的函数形式和条件:

$$S = XY , X > 0、Y>0, X + Y = C , C \text{ 为定值} \qquad (18.1)$$

因此,国家安全效能水平提升的路径和最大化条件也就应遵从和差与积原理的逻辑与规律。于是,根据和差与积原理,可以直接导出下述国家安全效能水平定律:

国家总体安全效能水平将在军事安全效能和非军事安全效能两者趋向背离时降低,而在两者趋向均衡时提高,并在两者相等时达到最高。

这条国家总体安全效能水平定律说明,为了国家安全,要同时关注军事安全效能和非军事安全效能两个方面。军事安全效能和非军事安全效能要尽量趋于均衡,不能顾此失彼、长短不一。国家应该大力增强国防力量,但又决不能穷兵黩武地在军事力量上配置过多的资源。那些军事效能与非军事效能失去均衡的国家,不可能实现总体安全效能水平的最优化。第二次世界大战时期纳粹德国和日本军国主义的最终失败,冷战时期苏联解体,重要原因之一就在于军事与经济发展失衡。在这方面,古今中外有无数例证,请读者自行总结。

第二节　提高国家总体安全效能水平的努力方向

前述分析指出,当 $X = Y$ 时,有 $S_M = \dfrac{C^2}{4}$,C 为一国潜在安全能力,代表一个时期内某个国家可以动员组织的各类安全资源的力量之和。因此,提高国家总体安全效能水平的努力方向应是千方百计地把代表国家安全资源的 C 做强做优做大。把 C 做大的解析意义在本书第一章中曾有过分析,并且分别给出了 $C = \dfrac{1}{2}$、$C = 1$、$C = 2$、$C = 3$、$C = 10$ 时,$S = \dfrac{C^2}{4}$ 的横向分布图。随着 C 值的增大,S 的极大值会很快地升高。其中原因在于,在 $S_M = \dfrac{C^2}{4}$ 中,当 C 增大时,S_M 会随之发生 C^2 倍增长,进入 $C > 1$ 阶段后,其间蕴含着的倍积的力量就会爆发出来。

这个 C^2 倍增长关系清楚地表明,持续不断提升 C 值对国家总体安全效能水平提升具有重要意义。以 GDP 作为 C 值为例,中国在改革开放的前 40 年中,年均 GDP 增长 9.5%[1],即 $C_n = 1.095C_{n-1}$,代入

---

[1]　数据来自国家统计局。

$S_M = \dfrac{C^2}{4}$，可以得到：

$$\dfrac{S_{Mn}}{S_{Mn-1}}$$

$$= \dfrac{\dfrac{C_n^2}{4}}{\dfrac{C_{n-1}^2}{4}}$$

$$= \dfrac{1.095^2 C_{n-1}^2}{C_{n-1}^2}$$

$$= 1.095^2$$

$$= 1.199$$

所以，$S_{Mn} = 1.199 S_{Mn-1}$，即我国年均 9.5% 的 GDP 增长能促成国家安全效能水平每年近 20% 的大幅提升。这就是改革开放以来我国国家总体安全效能水平大幅提升且其升幅远远大于 GDP 增速的数理逻辑。国家安全效能水平增幅 C^2 倍于经济增速，强有力地证明了"发展才是硬道理"的"硬"处之所在，明确地给出了提高国家总体安全效能的努力方向。

C^2 倍增长关系表明，放眼世界，在国与国的安全竞争较量中，两个国家安全效能水平的极值差异是其国家安全资源能量的倍积之差 $C_1{}^2 - C_2{}^2$，而非算术之差 $C_1 - C_2$。这中间也存在一个倍积的放大，须引起我们的高度重视。就大国较量而言，位居弱势者在向强者发起挑战前必须正视实力差距，长时间地从多方面耐心积累起更多的综合能量；而位居强势者在面对新的挑战时，要系统全面地计算挑战者的综合能量，切不可掉以轻心。在两强争霸战中，角力的双方都必须

认清公式 $S_M = \dfrac{C^2}{4}$ 中包含着的倍积的战斗力量。比如,在 20 世纪的

三场全球霸主竞争中(美国超过英国成为世界霸主,日本试图超过

美国以及苏联试图超过美国),两场失败一场成功,我们都可以从中

看到这一规律的力量。苏联、日本先后挑战美国的老大地位时,都还

处在苏联、日本 GDP 小于美国 GDP 30% 以上的节点上,因持续的综

合竞争力不足,最后两场挑战都在长时间较量中走向失败,结果导致

苏联解体和日本"失去的 20 年"。而美国的 GDP 虽在 19 世纪末就

已经超过了英国,但其后美国又耐心地积累了 40 多年的优势,直到

第二次世界大战结束后才从各方面迫使英国全面退出世界老大地

位,正式成为新的全球霸主。

第三节　提高总体安全水平的标志与重点

国家总体安全效能水平的基础是综合作战能力,核心是军队和

企业的组织能力、装备能力和创新能力。因此,提高国家总体安全效

能水平的标志和重点就是要创建好两个世界一流:世界一流军

队+世界一流企业。用世界一流军队形成保障和平发展的环境,用

世界一流企业创造日益增长的物质和文化产品,共同推动国家更安

全更平衡更充分的发展,加快建设社会主义现代化强国。

一、建设世界一流军队

古语云,"国之大事,在祀与戎"。毛泽东同志说,"没有一个人

民的军队,便没有人民的一切"。党的十九大明确,我军要力争到

2035 年基本实现国防和军队现代化,到 21 世纪中叶把人民军队全面建成世界一流军队。

树欲静而风不止。在我国由大向强、将强未强之际,矛盾挑战必然不断增加,安全风险必然不断上升。国强军要强,军强国方安。信息智能时代,要多方式捍卫和平、维护安全、慑止战争、服务人民,但军事斗争的保底手段不能有半点放松。一支听党指挥、能打胜仗、作风优良的人民军队,始终是国家安全大厦的中流砥柱。随着我国综合国力不断提升、科学技术持续发展、武器装备不断创新、国际交往不断扩大,建设世界一流军队的步伐逐渐加快,建成世界一流军队的条件也日益齐备。面对 2019 年全球新冠肺炎疫情暴发后世界力量变化的新格局,我们要顺势而为、乘势而上,更加坚持党对军队的绝对领导,更加坚定举国体制,更加注重创新驱动发展,不断突破重大军事技术难题,加强先进武器装备研发,加速高素质新型军事人才培养,加快军事创新体系建设,更好掌握世界军事竞争的战略主动权。

二、打造世界一流企业

党的十九大报告要求,"深化国有企业改革,发展混合所有制经济,培育具有全球竞争力的世界一流企业",这为国有企业改革发展指出了新的目标和方向。对标各行业世界一流企业,全面实行立标、对标、追标、超标、创标,使我国各行业龙头企业扎实成长为世界一流企业,占据各行各业发展制高点,推动中国经济高质量发展,是实现 2035 年建成社会主义现代化国家战略目标的重大任务。

"十二五"时期,国务院国资委就提出了世界一流企业的 13 个要素,并组织中央企业逐项对标改进,培养壮大了一批龙头企业。

"十三五"后期,国资委将具有全球竞争力的世界一流企业的显著特征进一步概括为"三个领军、三个领先、三个典范"。"三个领军"是要成为在国际资源配置中占据主导地位的领军企业,成为引导全球行业技术发展的领军企业,成为在全球产业发展中具有话语权和影响力的领军企业。"三个领先"是指企业要在全球同行业中实现效率领先、效益领先、品质领先。"三个典范"则指企业要成为全球践行绿色发展理念的典范、履行社会责任的典范、全球知名品牌的典范。

经过 40 多年的改革开放,我国已有若干企业在产品和技术方面达到了世界一流水平,中国企业在"三高七路"①等领域中已经形成了全球最强的市场竞争力。2020 年,《财富》以营收为基准的世界 500 强榜单中,中国大陆企业已占据 124 个席位,上榜企业数量首次超过美国,且在前五名中占据三席,中国石化、国家电网、中国石油分列第二、第三和第四位。加上台湾地区,我国共有 133 家企业上榜,实现了群体性地从仰望、对标、追赶、打榜到领先的发展壮举。但是,中国企业在效益、品牌、文化、国际化、商业模式、标准话语权等方面仍然有待改进。比如,以效益类指标看,2019 年,入榜的中国大陆企业的平均销售收益率为 5.3%,低于美国企业的 7.7% 和全球平均的 6.6%;平均净资产收益率是 9.9%,低于美国企业的 15% 和全球平均值的 12.1%。

2019 年,国务院国资委选择航天科技、中国石油、国家电网、中国三峡集团、国家能源集团、中国移动、中航集团、中国建筑、中国中

---

① 三高:高铁、特高压、高端信息化。七路:铁路、公路、水路、空路、管路、电路和通信线路。

车集团、中广核等 10 家企业作为创建世界一流示范企业,标志着中国世界一流企业建设工程从个别打造走向了批量培育。加上各地国企和华为、大疆等优秀的民营企业快速发展壮大,可以断定,中国一大批具有全球竞争力的世界一流企业,一定会在市场的风风雨雨中茁壮成长。

"两个一流"是保国利民的大国重器。提高国家总体安全效能水平,要依靠一流军队和一流企业的鼎力支撑,要依靠政府和民间的合作协同。建设世界一流军队、培育世界一流企业,正在不断增强中国的国家安全实力,切实提高中国社会的安全效能水平,并为保卫世界和平、打造人类命运共同体作出越来越大的贡献。

第四节　保持军事安全与非军事安全均衡的方法

按照和差与积原理,国家总体安全效能水平 S 要在军事安全效能 X 与非军事安全效能 Y 相等时才能最大化。因此,既要注重做强做优做大军事安全能力和非军事安全能力,也要注重保持好军事安全效能和非军事安全效能的均衡。军事安全效能和非军事安全效能,要平衡兼顾,不能一头重一头轻。

一、同步推进两个世界一流目标

如前所述,建设世界一流军队和打造世界一流企业,都是国家总体安全效能水平提升的方向和重点。按照和差与积原理,同步推进两个一流建设,实现两者的均衡发展最为重要。非军事能力是军事能力的基础,军事能力是非军事事业发展的保障。不能只强调军事能力建设而不发展经济,走穷兵黩武之路,那样的国家最终不可能很好发展,其国家安全也最终难保。同样,不能只强调发展经济而迟滞或耽误军队力量提升,那样会随时被人剪羊毛、割韭菜,不能及时有力地保障国家发展利益。国弱常受欺凌,落后就要挨打。在这方面,美国天天在给世界各国上课,世界各国都在被美国霸凌,军事上遭打压、经济上受欺负。为此,我们必须建设好世界一流军队,建设好世界一流企业,以一流企业装备好一流军队,以一流军队保障好企业发展,通过两个一流的互动推动国家创新,提高军事战斗力和经济竞争力,实现好国家的和平与安全发展。

二、坚持做好平战结合

平战结合是指国防经济及整个国民经济中与军事关系密切的部分实行平时建设和战时需要相结合。《中华人民共和国国防动员法》总则中第四条明确,国防动员坚持平战结合、军民结合、长期准备、重点建设、寓军于民的方针。在我国,平战结合要求在军事、政治、经济、文化等领域,平时的各项建设和工作都要考虑到战时的需要,以便国家在实施动员时,能够迅速转入战时体制;与此同时,军工生产和部队建设,平时也要注重抢险救灾、为民服务。坚持平战结合,用一笔钱办两件事,既有利于军事战备,又有利于经济建设,使平战两用的各类军事设施做到平时能服务、灾时能应急、战时能参战,平时产生经济效益和社会效益,战时产生军事效益。不具备军事效益,就失去了军事建设的战略意义;没有经济效益和社会效益,就会因建设与运行成本过大而难以持续保持和不断提升军事竞争能力。

进入数字化时代后,平时和战时的边界日益模糊,军队作战行动将随民间网络技术发展而不断表现出崭新的特点,平战结合成为应对网络空间威胁和挑衅的重要手段。网络空间和智能军工作为全新的发展领域,已经成为国家实力较量的新战场;网络信息安全已经成为国家安全的关键要素。信息化战争依靠强大的信息体系来支撑,具有跨域性、全维性、一体性等鲜明特征,正经历着数字化、网络化、智能化快速发展变化的过程,对平战结合的理论和实践提出了崭新的战略性要求。

三、深入推进军民结合

第二次世界大战之后,各国都面临振兴经济和增强军力的双重压力。在发展资源有限和科技成为第一生产力的时代背景下,经济大国先后探索走上了军民结合的发展之路。军民结合就是把国防和军队建设与经济社会发展有机结合起来,将国防科技工业与民用科技工业连接为一个统一的国家科技创新体系,为国防军工和经济社会的发展提供丰厚的资源和持续的动能。美国自20世纪50年代以来一直强调"以军带民,以民促军",以不断扩张的军费预算支持军工科技发展,并坚持推动军工科研院所将国防科技成果及时转向民间私营企业,有力地促进了军用技术与民用技术的融合,推动了能源、交通、通信特别是互联网等一系列高新技术的快速发展,巩固了其世界超级大国的地位。苏联军事力量强大,但产业结构长期军重民轻。军事工业的畸形发展导致其在与美国的长期冷战中因军民失衡而缺乏后劲,最后导致军备竞赛失败和国家分裂。苏联解体后,俄罗斯的军转民分为两段。叶利钦时期俄罗斯采取了"雪崩"式的私有化做法,完全忽视政府作用,把军工企业全面推向市场。这种失衡的结构加上失调的方式带来了众多负面效果,军民失衡和调控失序使俄罗斯国防经济进入深重的危机之中。普京执政后,俄罗斯将2000家军工企事业单位中的470余个研究所和550余家工业企业移交给非国防部门管理,明确要求军工综合体480个企事业单位停止私有化改革,保留了国防科技工业的核心和骨干,同时致力于推动政府和市场相结合的"军转民"工作,这才逐步稳定了军工企业,复苏了俄国经济。

对我国来说,早在革命战争时期,我党就强调兵民是胜利之本,坚持实行全民皆兵。20世纪50—70年代,面对巨大的国家安全压力,坚持实行"军民结合,平战结合"方针,结合备战需要,展开"三线"建设,并探索国防科技工业管理体制改革,拉开了军转民的序幕。改革开放以后,实行"军民结合、平战结合、军品优先、以民养军"方针,要求国防工业服从和服务于国家经济建设大局,为经济建设这个中心服务,同时又注重以经济现代化成效带动国防现代化发展。为此,对军工企业实行政企分开的公司制改革,将航天、航空、兵器、舰船和核工业等军工企业改组为5对既有分工又有竞争的集团公司,实行军品合同制和民品市场化,推动国防工业企业走上了"军民兼营""军民结合"的道路。国防科技工业从此真正融入国民经济中,由单一面向国防建设转为同时面向国防与市场,大力为工业、科技、经济和国防现代化服务,民品生产和第三产业得到蓬勃发展。

历史的经验告诉我们,搞好军民结合,推动国防建设和经济建设良性互动,实现富国和强军的统一,是实现国家长治久安的基本保障,对提高中国人民解放军各方面作战能力,有效维护国家主权、安全、发展利益,具有极其重要的现实意义。

第十九章　一种新的以数学原理为依据的 社会科学研究方法

本书展示了一种以数学原理为依据的新的社会科学研究方法。本章将对比分析这种新方法与以数学模型为工具的传统研究方法的异同。两者都注重社会科学研究的数学化,但一个以数学模型为工具,通过基于相关学科基本假设的数学模型来研究问题;一个以数学原理为依据,通过纯数学原理中的数量规律和空间关系与研究对象的一致性,直接导出相关学科的事理逻辑与运动规律。通过对比分析说明,以数学原理为依据的研究方法具有整体性、简捷性和无可争议性等特征,在分析宏大复杂的经济学等问题时能化繁为简、更胜一筹。同时指出,将上述两种数学化方法协同应用,符合和差与积原理的逻辑要求,既是必要的,也是可行的。

第一节　经济学研究的两种方法

解释事物因果关系的科学研究方法,可以分为实证研究与理论研究两类。实证研究通常是从各学科的理论假设出发,经过实验室试验或现场实验,收集大量资料,以数学模型为工具来证实和检验假设,得到研究结论,并据此对事物进行解释或预测。理论研究则是直接从科学原理出发,通过归纳演绎、类比联想、分析综合等,揭示相关事物的内在规律。

用数学原理为依据进行公理化研究就属于纯粹的理论研究方法。它从数学公理或定理出发,用数学语言表达事物的状态、关系和过程,经过数学推导、运算与分析,得到符合逻辑的结论,形成一个个系统的解释、判断和预测。这类方法不仅应用于现代数学本身,而且已经远远超出数学的范围,渗透到其他科学领域,成为发现现象、探索规律、作出预见的一种重要方法。

经济学是研究人类经济行为和现象的社会科学。无论是理论研究,还是实证研究,经济学发展中的一个明显特点就是研究过程日益数学化。但是,两种经济学研究中应用数学的方式是不同的。实证研究以数学模型为工具,理论研究以数学原理为依据。以数学模型为工具的实证研究方法,是从经济学的理论假设出发,结合某一经济问题的实际建立起具体的数学模型,然后根据该模型包含的数理逻辑对问题作出分析解释或预测,并提出解决问题的意见和建议。以数学原理为依据的理论研究方法,则是从纯数学原理、公式或图像出发,通过验证某类经济现象确实满足该数学原理所要求的形式和条件,然后直接根据数学原理的自在逻辑与规律,导出相关问题的定律,作出对经济现象的判断、解释或预测,并提出解决问题的意见和建议。传统上经济学的数学化通常都是采用以数学模型为工具的研究方法。本书则大胆探索采用以数学原理为依据的研究方法来分析解释经济现象和问题。由于不需依赖其他学科的理论假设,这种方法既可以用来解释经济现象,也可以用来研究分析其他问题。

第二节　两种方法的研究对象

以数学模型为工具的传统经济学研究方法,离不开经济学自身的基本假设。其方法特征是在这些假设的基础上,针对某一经济问题专门建模分析。由于影响因素众多,数学模型复杂,数据敏感度高,其解释过程主观性较强。因此,其研究对象往往聚焦于某一具体经济问题。在西方经济学的假设和分析中,人是个体的、自由的、自利的、理性的人,不受集体观念和群体意识约束,不受政治、军事、外交、科技、安全、环境等因素影响。这种经济学假设前置的方法使其研究结论具有枝叶状的特点,对小而具体的单因素问题分析成效较高,而对宏观经济(特别是世界经济)的根干部位总体复杂问题的研究则鲜有成果。比如,对于 2008 年世界经济危机的原因何在、怎样形成、如何应对等,西方经济学家们既无成功的预测,也无合理的解释。针对经济危机,欧美国家最常见的应对措施就是铸币放水,让世界分担其通货膨胀的巨大风险。另外,不少模型存在过于抽象而失真的问题,比如对数据统计精确度要求高、方程应用条件较为苛刻,再加上经济系统本身非常复杂,往往需要多组模型同时进行模拟,常常出现模型预测的结果和实际偏差较大的情景。

以数学原理为依据的研究方法是利用公认的数学原理来直接分析各类问题。其研究对象既可以是经济问题,也可以是其他问题,比如哲学、政治、军事、文化、社会、生态等问题。由于无须讨论学科假设的对错,也无须考虑建模因素与数据取舍是否合理,而是从逻辑到逻辑,从规律到规律,以数学原理为依据的研究方法对复杂的宏观经济总体问题具有更简明有力的分析解释能力。

第三节　两种研究方法的利弊比较

以数学模型为工具的研究方法的主要优点是：逻辑推理严密精确，模型推论具体化、数字化。借助于计算机应用，既可验证解释说明众多经济现象，也可进一步推演产生新的模型和理论。但是，这种传统研究方法的科学性面临着假设和结论的双重挑战。一是其假设是关于"活着的人"的统一假设，受历史文化和发展程度影响，这种假设的一般性很难达成大范围共识。二是因所研究经济事件的过程和环境均难以再现，其结果的对错难以验证。比如，西方经济学中关于人都是经济人的基本假设，一方面，确实符合经济科学研究中简单明了的"理想状态"的前提假设需要，也比较符合西方经济学产生时期第一次工业革命前后大多数人的行为特点。另一方面，这种假设既不符合狩猎时期未定居自然人对温饱、安全的集体性需求，也不符合现代社会以自我实现等高层次需求为主的人性特点。解决了温饱问题后，在信息网络世界中，群体认同、从众行为与个人的自利理性对经济社会的影响力已经难分伯仲。举例来说，对个人与集体、自由与纪律到底谁更重要的认识差异，在此次全球抗击新冠肺炎疫情中表现得非常明显，而由此引发的结果也差异巨大。不理解中国人历经数千年存在于骨子里的集体意识和家国情怀而想简单地用西方经济学方法解释中国经济的特色，自然是非常困难的。

本书以和差与积原理对一系列问题进行科学分析和解释的探索实践证明，以数学原理为依据的研究方法可以有力化解以数学模型为工具研究方法的缺点。只要数学原理要求的形式和条件得到满足,根据该原理中要素之间的逻辑关系和数量规律,就可对相关问题中的要素关联关系直接给出定律、推论和建议。既无须其他假设,也无须专门建模,逻辑上无可争议,关系上一清二楚,结论上明确可信。反过来,我们还可以从已有的条件或期待的结果出发,找到事物应有的发展方向和调控方法,抓住事物发展的关键因素。[①] 通过对某一数学原理的正向应用、逆向应用和综合应用,我们就可用一条数学原理导出并解释一堆社会科学定律。

以数学原理为依据的新方法的应用目前面临的主要问题是这一方法尚处于探索发展阶段,还没有形成成熟的范式或体系。比如,在众多的数学原理或公式中,应该如何选择合适的原理去解释对应的经济社会问题呢? 这个问题现在尚没有确定的答案和路径,还只能依靠相关研究者的灵感、联想和顿悟,依靠对更多参与者的培训和推广。

第四节 两种研究方法协同的可能

以数学模型为工具的传统经济研究已经形成学科体系,并随着经济社会的发展会在众多微观部门不断形成新的枝叶状成果。但它始终克服不了其学科假设的基因缺陷,扛不起宏观复杂问题研究的重任,对世界经济危机和中国经济发展等根本性经济社会现象作不出合理的分析解释。以数学原理为依据的新型研究方法通过引用纯

---

① 参见本书社会财富使用效率分析和对感染病毒死亡率与抗疫方法的讨论这两章。

数学原理来直接解释经济现象,规避了人为假设和建模因素选择中的主观因素问题,可以对重大经济问题作出更合乎实际的分析和解释。但目前该研究方法尚未形成体系,还不能对众多经济现象的因果关系作出普遍的解释。因此,亟须在推广普及以数学原理为依据的科研方法的基础上,大力推进两种经济学研究方法的协同研究。用以数学原理为依据的研究方法分析解释经济学中的根干部问题,据以形成新的经济学分析理论;然后再以其为根据,展开对各类经济问题的建模研究,运用传统经济学方法孕育枝繁叶茂的学术成果,最终形成用一个个科学原理讲清一堆堆经济学道理的经济研究新局面。显然,这既是必要的,也是可行的。

第五节　展　望

未来,在两种方法协同共用的科学研究中,按照和差与积原理,将出现这样的局面:

社会科学数学化研究的总体成效,将在以数学原理为依据的研究方法和以数学模型为工具的研究方法两者之间的科研成效差距扩大时降低,而在两种方法的成效差距缩小时提高,并在两种方法的成效相等时实现最大化。

由于以数学原理为依据的新型研究方法现在才刚刚起步,其与传统方法的研究效能还相距甚远,成效提高空间巨大,因此,其发展需要加快,也必将会更快。对于这种新方法的研究推广,政府、企业和学界都应给予更多关注和支持。

本书从和差与积原理导出一系列相关科学定律的探索实践证

明，以数学原理为依据的新型研究方法逻辑性强且简洁有力，非常适宜用来研究基础性、复杂性总体问题。我们相信，在本书引起读者兴趣之后，借助于互联网的巨大传播能力，通过更多人特别是广大青年的积极参与，以数学原理为依据的新的社会科学研究方法一定会较快普及、传播开来，从而有效增进全球共识，有力促进科学发展。

附件　和差与积原理及其相关定律

1. 和差与积原理

若 $X > 0, Y > 0, X + Y = C, C$ 为定值,那么,$S = XY$ 将在 X 与 Y 的差距扩大时缩小,而在 X 与 Y 的差距缩小时扩大,并在 $X = Y$ 时取得最大值,$S_M = \dfrac{C^2}{4}$。

2. 混合所有制经济效率定律

混合所有制经济中社会资本运营总效率,将在公有资本运营效率和非公有资本运营效率两者差距扩大时降低,而在两者差距减小时提升,并在两者相等时达到最高。

3. 国家资源总体配置效率定律

国家资源总体配置效率,将在政府和市场的资源配置效率趋向背离时降低;而在政府和市场的资源配置效率趋向均衡时提升,并在政府与市场两者的资源配置效率相等时取得最高。

4. 政府税收定律

当税率和潜在税基实现率差距扩大的时候,政府税收减少;当税率和潜在税基实现率差距缩小的时候,政府税收增大;当税率和潜在税基实现率相等的时候,政府税收最大。

5. 全域经济资源配置效率定律

当先发地区和后发地区的经济资源配置效率差距扩大时,全域经济资源配置效率降低;当先发地区和后发地区的经济资源配置效率差距缩小时,全域经济资源配置效率提高;当且仅当先发地区和后发地区经济资源配置效率相等的时候,全域经济资源配置效率达到最高。

6. 社会财富使用效率定律

社会财富使用效率将在积累使用效率与消费使用效率两者相互背离时不断降低,而在两者相互趋近的过程中不断提高,并在两者相等时达到最高。

7. 复合资本市场效率定律

复合资本市场总体资源配置效率将在股票市场与产权市场的资源配置效率差距扩大时下降,而在两者的差距缩小中提升,并在两者相等时实现效率最高。

8. 社会资本配置总体效率定律

社会资本配置总体效率将在金融资本配置效率与实业资本配置效率两者趋向背离时不断降低,而在两者趋向均衡时不断提高,并在两者相等时达到最高。

9. 国家城乡建设发展效率定律

国家城乡建设发展效率会在城市建设效率和乡村建设效率趋向背离时降低,而在两者趋向均衡时提高,并在城市与乡村建设效率相等时达到最高。

10. 共享经济体系效率定律

共享经济体系的资源配置效率,将在其平台免费服务效率与渠道收费服务效率两者趋向背离时降低,而在两者趋向均衡时提升,并在两者相等时达到最高。

11. 企业运营效率定律

企业运营效率将在资本运行效率与员工劳动效率两者趋于背离时不断降低,而在两者趋向均衡时得到提高,并在两者相等时达到最高。

12. 大企业经营效率定律

大企业经营效率,将在企业决策效率与执行效率两者相互背离时不断降低,而在两者相互趋同中不断提高,并在两者相等时达到最高。

13. 商场利润定律

商场利润率将在商品对利润的贡献率和顾客对利润的贡献率两者发生背离时降低,而在两者趋向均衡时提高,并在两者相等时达到最高。

14. 企业管理集权分权效率定律

企业管理的整体效率将在总部和子企业管理效率两者相互背离时降低,而在两者趋向均衡时提高,并在两者相等时达到最高。

15. 组织激励管理定律

在正向激励过程中,当激励的效价和期望值趋向背离时,组织的激励力量将减弱;当激励的效价和期望值趋向均衡时,组织的激励力量将增强;当激励的效价和期望值相等时,组织的激励力量将达到最大。

16. 事业成功效率定律

事业成功的效率会在来自个人因素贡献的效率和来自环境因素

贡献的效率两者相互背离时降低,而在两者趋向均衡时提高,并在两者相等时达到最高。

17. 生态保护与经济发展关系定律

生态系统的总体效率,将在保护效率和发展效率两者相互背离时降低,而在两者趋向均衡时提升,并在两者相等时达到最高。

18. 感染病毒死亡率定律

当染病率、病死率两者趋向背离时,感染病毒死亡率就将下降;当染病率、病死率两者趋同时,感染病毒死亡率就将升高;当染病率、病死率两者相等时,感染病毒死亡率就会出现最高的峰值。

19. 人体系统健康水平定律

当阴阳趋向失衡时,人体健康水平下降;当阴阳趋于平衡时,人体健康水平提升;当阴阳达到平衡时,人体健康水平最高。

20. 国家安全效能水平定律

国家总体安全效能水平将在军事安全效能和非军事安全效能两者趋向背离时降低,而在两者趋向均衡时提高,并在两者相等时达到最高。

21. 社会科学数学化方法应用定律

社会科学数学化研究的总体成效,将在以数学原理为依据的研究方法和以数学模型为工具的研究方法两者之间的科研成效差距扩大时降低,而在两种方法的成效差距缩小时提高,并在两种方法的成效相等时达到最高。

后　记

　　一场场国资国企改革发展讲座中，听众对我以和差与积原理解读经济社会问题所表现出来的浓厚兴趣，是我写作此书的主要动力。王宇飞博士的全程辛勤参与，夏平博士对写作提纲的中肯意见，杨胡凤和李宁博士提供的图表，乔彦斌和潘圆圆博士对全书作出的校正，人民出版社经济与管理编辑部郑海燕主任严谨细致的审改，我夫人李新鸣无微不至的关照，都是本书得以完成的重要因素。在此，一并对大家致以衷心感谢！

　　本次成书只有十多个案例，相对集中于经济和管理话题，算是依据和差与积原理的社科研究开了个头，尚待大家共同参与、不断完善。比如第十六章，就是王宇飞在参与本书修改的过程中有感而发赶写出来的。我期待看到更多读者能边读边兴奋起来，反思问题、形成顿悟、产生冲动，不断写出新的篇章，大家一起努力，使这本书能说清更多科学道理。当然，若有高手能另择一条数学原理，自开新局展开研究，那就更令人欣喜了！

　　如您愿意，请将有关读后意见、建议或文章反馈至我的邮箱：ddzzxx@ yeah.net，以便在恰当的时候共同集结出版。

　　热切地期待着您的参与！

邓志雄

2021 年 6 月 30 日于北京